AF347112

MANUEL

DE CHARITÉ.

Se trouve également :

A LYON, chez Périsse frères, Grande-Rue-Mercière, 33 ;
A LILLE, chez Lefort ;
A CAEN, chez Chenel.
A BORDEAUX, chez Ducot.
A TOULOUSE, chez Douladoure.
A MARSEILLE, chez Chauffard.

DE L'IMPRIMERIE DE BEAU,
a Saint-Germain-en Laye.

MANUEL
DE CHARITÉ,

PAR

M. L'ABBÉ Isidore MULLOIS,

MISSIONNAIRE APOSTOLIQUE,

Premier chapelain de la Maison de l'Empereur,
auteur du *Livre des classes ouvrières*.

7ᵉ ÉDITION.

Prix : 1 fr. 75 cent.

Des remises considérables seront faites aux personnes qui en prendront
un certain nombre d'exemplaires.

PARIS,

JACQUES LECOFFRE, LIBRAIRE,
Rue du Vieux-Colombier, 29 ;

PÉRISSE, FRÈRES, | **DOUNIOL, LIBRAIRE,**
Rue Saint-Sulpice, 38 ; | Rue de Tournon, 29 ;

AU BUREAU CENTRAL DES CONFÉRENCES DE S.-VINCENT-DE-PAUL,
rue Garancière, 6 ;

Chez le Concierge de la Maison des hautes études des Carmes,
rue de Vaugirard, 76.

1853

A SA SAINTETÉ

LE PAPE PIE IX,

NOTRE PÈRE ET GLORIEUX PONTIFE.

AVANT-PROPOS.

Si Dieu veut sauver la France, et nous devons l'espérer, car en la perdant, son Église perdrait trop, c'est par la charité qu'il la sauvera. Si donc nous voulons aider la Providence dans l'œuvre du salut de notre bien-aimée patrie, commençons par nous aimer un peu, ou bien nous ne viendrons jamais à bout de terminer nos débats et de régler nos affaires; les âmes sont trop aigries par les passions et par les souffrances, et quand on est aigri, on ne s'entend pas, on ne peut pas s'entendre. Mais la charité produit dans les cœurs je ne sais quel apaisement, je ne sais quelle mutuelle bienveillance qui les rendent aptes à écouter la voix du bon sens, de la justice et du dévouement; car le dévouement est toujours chose nécessaire quand on veut vivre en société.

A tout prix, il faut développer la charité, la généraliser, la populariser. Il n'y a de vraiment fort en France que ce qui est populaire; et chez nous rien de plus facile que de populariser la charité, il y a tant d'éléments de bien ! La charité, c'est le fond du caractère français, c'est son bon côté, c'est par là qu'il peut être pris; on n'y a pas assez pensé... on a fait trop appel à la justice, et pas assez au dévouement, à la charité.

Le Français est pointilleux sur la question des droits ou de ce qu'il croit être ses droits, il n'en veut rien céder; mais il est généreux, très-généreux sur la question des sacrifices. Demandez-lui une chose au nom du droit, il vous la refuse tout net, et il y tient; demandez-lui la même chose comme un service, faites un appel à sa générosité, à son cœur, ce n'est plus le même homme, souvent il vous l'accorde de la manière la plus gracieuse. Et ce fonds de charité est dans toutes les classes, chez les riches et chez les pauvres, chez ceux qui pratiquent la religion, et chez ceux même qui ne la pratiquent pas... Il se trouve chez l'industriel, le savant, l'artiste, surtout chez les artistes, si souvent pauvres eux-mêmes... Vous allez demander une aumône pour une bonne œuvre à un artiste, il vous fait un gracieux accueil, et il vous prie de l'excuser pour un moment; il sort et rentre bientôt, vous donne une pièce en exprimant ses regrets de ne pas pouvoir faire davantage. Le brave jeune homme ! il n'avait pas d'argent , il a été en emprunter.

En publiant ce livre, j'ai voulu contribuer pour une petite part à réveiller ces bons sentiments qui dorment dans les âmes, à faire connaître et aimer la charité, à la populariser ; pour cela j'ai dit simplement ce que j'ai vu ou ce que j'ai appris de l'expérience de ceux qui s'occupent des classes malheureuses. Ces études sur la charité n'étaient pas destinées à l'impression ; mais des hommes habiles dans l'art de faire du bien, ont pensé que la lecture en pourrait être de quelque utilité ; c'est ce qui nous a engagé à les publier, après les avoir complétées. Nul temps ne nous a paru plus convenable ; nous sommes au commencement d'un hiver qui s'annonce comme devant être difficile à passer. C'est donc le moment de rappeler à la charité ce qu'elle doit faire, comment elle le doit faire, et surtout de lui crier : Courage, courage !

La lettre suivante a été écrite à l'auteur par Mgr. l'Évêque d'Autun.

« MONSIEUR L'ABBÉ,

J'ai lu avec le plus vif intérêt votre *Manuel de Charité*. On voit que votre plume écrit sous l'inspiration d'un cœur vraiment touché de toutes les misères qui pèsent sur une si grande partie de l'humanité ; aussi vous connaissez le secret d'adoucir ces misères, de les diminuer, de les transformer, et c'est avec un charme exquis que vous apprenez à vos lecteurs les moyens de ramener les malheureux à une vie de travail, d'ordre, d'économie, et aux espérances de la Religion, qui seule peut donner la paix à l'âme, le repos au foyer domestique.

Je recommanderai vivement votre excellent livre à toutes les associations pieuses de mon diocèse, et aux âmes qui se vouent aux bonnes œuvres, je le recommanderai à tout le monde, parce que je suis convaincu, comme vous, que c'est la charité qui nous sauvera, qu'elle seule peut guérir les grandes plaies sociales. Il faut que tous les riches s'enrôlent sous son pacifique étendard, et qu'à force d'affection et de bienfaits, ils réconcilient avec la société les âmes aigries par la souffrance, entraînées par des doctrines subversives et trompées par de faux amis.

Agréez, Monsieur l'abbé, l'assurance de mes sentiments les plus dévoués.

+ FRÉDÉRIC, *Évêque d'Autun.*

MANUEL DE CHARITÉ.

CHAPITRE Ier.

PUISSANCE DE LA CHARITÉ.

Fortis est ut mors dilectio.

A la vue des misères du corps et des misères de l'âme qui dévorent la pauvre humanité sous nos yeux, chacun se dit avec tristesse : Hélas! est-il possible que nous en soyons là! quand donc tout cela finira-t-il? Que faut-il donc faire pour améliorer cet état de choses et rendre les hommes meilleurs et plus heureux ?

Mon Dieu! la réponse est des plus simples : il faut les aimer, les aimer, les aimer; tout est là. C'est là, suivant la divine pensée, la fin et le commencement. La charité, voilà la première puissance pour diriger et gouverner les hommes, pour les relever de leur abjection, les grandir à leurs propres yeux, et les pousser parfois jusqu'à l'héroïsme de la vertu. Le monde appartient à qui l'aimera davantage et le lui prouvera le mieux ; on n'a pas voulu le comprendre en ce siècle, et nous en sommes cruellement punis.

Pourtant, c'est de toute évidence : nous ne sommes bien quelque chose que par le cœur; le cœur, c'est presque tout l'homme! Quand on est maître

du cœur, on est bientôt maître de toute la place ;
le reste, souvent, ne demande pas mieux que de
capituler. Si donc vous voulez agir sur les hommes, allez tout droit au cœur, saisissez le cœur.
N'est-ce pas là que s'élaborent le bien et le mal,
le vice et la vertu ? N'est-ce pas du cœur que sortent, suivant la parole évangélique, les mauvaises
pensées, les passions honteuses, les homicides, le
vol, le blasphème (1)? C'est du cœur que s'échappent toutes ces volontés d'hommes, bonnes ou mauvaises, qui jettent le bien ou le mal à la face du
monde, et qui parfois se rient d'un rire infernal de
tous nos raisonnements et de toutes nos lois.

Mais à la charité seule il est donné de toucher,
de pénétrer, de dominer le cœur; à elle seule cette
puissance, cette royauté, la plus belle de toutes
les royautés ! Régner sur les intelligences, c'est
beau, mais cette royauté est semblable aux royautés de ce siècle ; elle est précaire et discutable. La
royauté des cœurs, elle peut tout dire, tout faire,
tout oser, et sa puissance est toujours aimée et
toujours féconde.

Voulez-vous donc entreprendre quelque chose
de grand et de durable pour le bien de l'humanité,
voulez-vous régénérer et sauver? appelez la charité
à votre secours ; car Dieu lui a donné sur les âmes
une puissance de fécondité admirable, magique, à

____

(1) Matth. xv, 19.

laquelle rien ne peut résister. Pas de mur assez fort, pas d'airain assez dur pour l'arrêter ; c'est la parole de saint Jean Chrysostome. Elle est forte comme la mort, dit Dieu (1) ; mais sa puissance est surtout féconde pour le bien ; c'est la vie de la vérité et de la vertu. C'est le plus persuasif de tous les langages. Il y a en elle une source intarissable de perfectionnement moral et social. N'est-ce pas la charité qui a fait jaillir le monde du néant ? N'est-ce pas elle qui l'a relevé de sa chute, qui l'a régénéré ? Pour sauver l'humanité, Jésus-Christ a peu parlé ; mais il a souffert, il s'est dévoué, il a aimé, parce qu'il connaissait bien les mystères du cœur humain.

Car, pourquoi se le dissimuler? l'homme sur cette terre a besoin d'être aimé, il a besoin d'estime et d'affection ; il en a faim, il en a soif : c'est sa vie, sa force. Il lui faut au moins quelqu'un sur lequel il puisse s'appuyer. Seul, isolé dans l'existence, sans un cœur qui se réjouisse de ses joies, qui souffre de ses peines, il fera fort peu de chose, et ce peu sera très-imparfait. Nous avons tous besoin, dans un certain sens, qu'on nous fasse la charité ; car, malgré nos efforts pour refouler bien avant, dans un petit coin de notre cœur, nos défauts et nos faiblesses, pour nous les dérober à nous-mêmes, au fond, nous savons très-bien que nous ne valons

____

(1) Cant. viii, 6

que peu de chose, que nous méritons peu d'être estimés et d'être aimés; mais quand quelqu'un veut bien nous prendre tels que nous sommes, veut bien nous donner un peu de sympathie et d'affection, nous lui en savons si bon gré! Nous sommes tous enfants par le cœur, toute notre vie. Or, quand l'enfant ne rencontre pas d'affection, il s'écrie : Je veux m'en aller, je ne veux pas rester ici ; on ne m'aime pas, je n'y ferai rien. Eh bien ! l'homme en est encore là ; si haut placé qu'il soit, quelle que soit l'élévation de son intelligence, s'il ne rencontre ni sympathie ni affection autour de lui, bientôt la défaillance le prend au cœur, et il s'en va à l'écart se consumer lui-même et maudire la société peut-être. Ah ! les grands hommes sans cette sympathie sont souvent de bien petits hommes !

Mais s'il trouve sur son chemin l'estime et une affectueuse bienveillance ; s'il entend sortir de bouches amies cet encouragement que Dieu lui-même jette à la vertu : C'est bien, c'est bien ! alors il se sent fort et courageux, prêt surtout aux sacrifices que vous lui demanderez au nom de la vertu.

Quand donc vous voudrez faire du bien à une âme, aimez-la, couvrez-la d'une sainte affection ; qu'elle l'entrevoie, qu'elle le sente, et puis vous la verrez tout-à-coup s'éveiller à la vertu. Sous le soufle de votre charité, elle s'épanouira comme la fleur s'épanouit sous le souffle des rayons bienfaisants du soleil. Une voix douce et mystérieuse lui dira au fond du cœur : Oh ! on m'estime, on m'aime déjà, je l'ai deviné ; on m'aimera bien davantage. — Je suis capable de mieux faire, je ferai mieux ; et puis elle court, elle vole au bien. La même voix lui crie comme au cheval de Job : Va, va ; et si un acte héroïque se trouve sur son chemin, elle l'acceptera sans hésiter.

De même dans les tentations, quand les joies de la terre viendront murmurer à l'oreille de son cœur des choses séduisantes ; quand elle sera sur le point de faillir, le même instinct lui criera : « Ah ! que vas-tu faire ? Si tu allais être faible, si tu tombais, on ne t'aimerait plus, on te retirerait son estime ; tu ferais tant de peine ; non pas ces joies pleines de remords, bien plutôt cette bonne affection. » Ainsi elle est sauvée.

Dans la charité, il y a vraiment toute une révélation de vérité et de vertu pour ceux qu'on aime ; il y a de quoi adoucir, dompter les natures les plus rebelles, les cœurs les plus aigris ; l'expérience de chaque jour est là pour le dire. Oh ! si on voulait, si on savait aimer, que de mal on pourrait empêcher, que de bien on pourrait faire ! avec la charité il ne faut désespérer de personne.

Vous qui allez explorer les greniers et les mansardes où s'abritent la misère et le travail dans nos grandes villes, vous n'avez pas été sans rencontrer (car, hélas ! ce n'est pas rare), vous n'avez pas été sans rencontrer quelqu'un de ces malheureux ou-

vriers malade et pauvre à cause de ses vices; vous
avez été en présence du mal, s'il se rencontre quelque part; au premier abord il y a de quoi trembler.
Il est là, ce pauvre jeune homme, couché sur son
mauvais lit, ou plutôt enfoncé dans de la paille
humide et dans de sales guenilles; il souffre horriblement dans son corps, et il a la rage dans
l'âme; sa figure est sinistre, ses yeux sont hagards,
sa barbe, ses cheveux sont en désordre, sa vue fait
frémir.

Il faut bien lui adresser quelques paroles de
consolation; mais que lui dire, à cet homme? Si
vous lui dites : Vous souffrez beaucoup, mon
pauvre ami; vous paraissez si malheureux! Eh
bien! prenez courage, on viendra à votre secours.
Oh! alors, avec un accent épouvantable d'ironie
et de colère, il vous jette des paroles comme
celles-ci : « On viendra me secourir! et qui donc,
» s'il vous plaît? les riches, par hasard? Eux,
» nous secourir, nous, misérables! Ah! s'ils pou-
» vaient plutôt nous écraser, à la bonne heure!
» ils voudraient nous voir tous crevés; il y en a
» bien déjà trop de l'espèce, ça trouble leurs plai-
» sirs. » Et si vous ajoutez : Du moins, mon ami,
peut-être la Providence ne vous abandonnera-t-elle
pas, elle aura pitié de vous; il vous répondra de
ces choses qui font frémir, et qu'on ose à peine
répéter, c'est affreux : « Le bon Dieu, voilà
» encore une autre histoire! D'abord, y a-t-il un

» bon Dieu? et s'il existe, que fait-il, votre bon
» Dieu, de quoi s'occupe-t-il? Regardez : les uns
» manquent de tout, les autres regorgent ; en-
» tendez-vous les voitures qui emportent les riches?
» et moi, malheureux, je n'ai rien, rien, pas même
» un verre d'eau pour rafraîchir mes entrailles qui
» me brûlent. Et on vient me dire qu'il y a une
» Providence ! »

Certes, voilà un être redoutable, voilà un ennemi
de Dieu et des hommes ; mais n'ayez pas peur. Surtout n'allez pas vous aviser de raisonner avec lui, il
ne vous comprendra pas. Il est ivre, ivre de douleur
et de rage, écoutez-le patiemment, laissez-le décharger son cœur, il en a besoin, il est si malheureux! refoulez en vous tout ce que votre âme contient de peines à la vue de cet homme qui souffre
et qui blasphème ; et puis, soyez bon, soyez affectueux pour lui, promettez-lui de revenir bientôt,
et si votre position vous le permet, avant de le
quitter, ayez pour lui le plus tendre serrement de
main ; et quand votre âme sera un peu remise, allez
trouver une de ces dames de charité prudente, dévouée, comme il s'en rencontre encore beaucoup
aujourd'hui ; dites-lui tout ce qui vous est arrivé,
et puis elle ira auprès de ce malade, elle l'entourera,
elle le fera entourer de soins, et, sans lui adresser
aucun reproche, elle versera dans son âme quelques-unes de ces bonnes paroles comme la femme
chrétienne en sait dire. Retournez, ce n'est déjà

plus le même homme ; sa figure a changé, le calme est revenu sur son front, le sourire même reparaît parfois sur ses lèvres, et peut-être avant huit jours il éprouvera le besoin de revenir sur ce qui s'est passé et de vous dire : Oh! pardon pour la manière brutale dont je vous ai reçu ; vous avez dû me trouver bien mauvais ; je devais être une espèce de bête féroce : comment ne vous êtes-vous pas échappé? que vous êtes charitable! Et alors il vous sera possible de lui dire avec abandon et le sourire sur les lèvres : Allons, mon ami, soyons franc : n'est-ce pas que, si vous êtes malade, s'il n'y a rien chez vous, ce n'est pas toute la faute de Dieu et des hommes? N'est-ce pas que, si vous n'aviez pas été si souvent au cabaret et ailleurs, vous auriez un peu plus de mobilier dans votre mansarde et plus d'argent dans votre bourse? Il ira au-devant de votre pensée, il vous répondra : Je le reconnais ; oui, oui, c'est ma faute ; j'ai eu tort, je m'en repens bien. Oh! si je pouvais donc mieux faire! Voilà la puissance de la charité ; voilà un homme réconcilié avec lui-même, réconcilié avec Dieu et avec la société. Oh! soit bénie la Providence qui nous a souvent mis sous les yeux un si consolant spectacle, qui a rempli notre âme de ces joies ineffables. O puissance de la charité, on ne te connaît pas! Tu triomphes, et tu triompheras toujours, quand tu seras vraiment mise en contact avec un cœur d'homme.

Malheureusement pour redresser les âmes il nous semble toujours qu'il faut raisonner, discuter ; ici le raisonnement eût perdu cet homme, l'eût enfoncé de plus en plus dans ses hontes. Commençons donc d'abord par nous aimer, et puis après nous nous querellerons s'il y a lieu. On le sait, il est des métaux si durs, et ce sont ordinairement les plus précieux, qu'on ne peut les travailler si on ne les amollit par le feu ; eh bien ! il y a aujourd'hui beaucoup de cœurs aigris, que l'on ne peut manier si on ne les amollit aussi par le feu de la charité.

Non-seulement cette charité est puissante sur celui qui est aimé, mais encore elle fait autant de bien, plus de bien à celui qui aime, à celui qui donne de son cœur et de sa bourse qu'à celui qui reçoit tout cela : après un acte de charité, l'homme trouve tout-à-coup son âme inondée de sentiments ineffables et mystérieux, il se sent plus calme, plus porté à l'indulgence, plus près de Dieu et du bien, plus content de lui-même et des autres, et surtout beaucoup moins mécontent de l'humanité. Cela fait tant de bien d'aimer et d'être aimé ! On se connaît bien mieux, on sait bien mieux ce que l'on est, ce que l'on vaut ; on trouve en soi des sentiments qui jusque là avaient été ignorés de l'âme. Aussi un seul acte de charité peut changer un cœur. Une femme est légère, mondaine : les entretiens sérieux l'ennuient, tout effort lui est pénible, l'intimité même est pour elle une fatigue : ses enfants sont en pension, son mari est à ses affaires. Pour remplir ses journées elle a sa toilette, ses sociétés, ses romans, une surveillance insignifiante de sa maison, et c'est bien assez. Un jour elle voit le malheur, quoiqu'elle n'aime pas à le voir ; son âme s'ouvre à la pitié, car au fond elle est bonne, elle compatit, elle soulage, elle aime ces pauvres gens, parce qu'elle a vu dans leurs regards cette expression de bonheur qui veut dire : Merci, merci, que Dieu vous le rende ! et Dieu le lui a rendu : elle n'est plus la même personne, la distribution de son temps est changée, son mari la retrouve plus tendre, elle est plus aimante pour ses enfants, ses amis découvrent en elle une sensibilité exquise, qu'ils ne lui supposaient pas ; ses goûts sont simples désormais, et sa vie sera remplie. Le soulagement qu'elle a apporté, les bénédictions qu'elle a reçues, la confiance qu'on lui a témoignée, lui ont fait entrevoir un ordre inconnu de jouissances. Dieu a été si bon qu'il a arrangé ainsi la vie, que nous sommes destinés à nous faire du bien, à nous apporter un peu de bonheur les uns aux autres : le riche le donne au pauvre, et le pauvre le rend au riche ; c'est un échange de politesse, de bienfaits, et des plus douces félicités. Qu'il soit donc à jamais détruit, ce triste préjugé, que les charités de la bourse et du cœur ne profitent qu'à ceux qui les reçoivent ; que les classes inférieures en ont seules besoin ; que les classes supérieures pourraient, à la rigueur, s'en passer. J'aime beaucoup cette parole d'une femme douée d'une grande intelligence et d'un cœur plus grand encore : un jour elle engageait un prêtre à établir des associations de charité dans sa paroisse. Madame, répliqua le prêtre, je n'en sens pas la nécessité, mes pauvres ne manquent de rien.—Monsieur le Curé, lui répondit cette femme, si vos pauvres ne manquent plus de rien, *alors ayez pitié de vos riches.*

Mais on dira : Comment pouvoir aimer ? il y a des êtres si méchants, si pervers, si enfoncés dans toutes les hontes !... Oui, c'est vrai, c'est trop vrai, il y a des êtres méchants sur la terre, mais n'est-ce pas parce qu'ils n'ont pas trouvé un peu d'intérêt, un peu d'estime sur le chemin de la vie ? n'est-ce pas parce qu'ils ont vu souvent presque partout la froide indifférence, le glacial égoïsme, qu'ils se sont jetés dans le vice, dans le crime? Notre génération n'a pas été assez aimée, même au sein de la famille, c'est pour cela qu'elle est si faible et si malheureuse ; car l'homme que personne n'aime est bien exposé, et souvent il est capable des derniers excès ; aussi on l'appelle un homme *sans aveu.* Il a perdu sa propre estime, il se croit un être vil ; il le faut bien, tout le monde le repousse : qu'a-t-il à perdre encore sur cette terre ? que lui importent à lui le vice et la vertu ? S'il fait le mal, nul n'est là pour lui dire amicalement : Tu as tort ; s'il fait le bien, nul n'en sera heureux ; s'il tombe, personne pour lui tendre la main ; s'il a des peines, pas un ami à qui les porter. Voilà un être voué à la douleur, voilà une proie facile pour le génie du mal ; il est bien à craindre qu'il ne s'écrie un jour : Je ne puis aimer, eh bien ! je haïrai. Aussi il se trouve souvent des êtres dégradés, horriblement criminels, qui vous disent en toute franchise et les larmes aux yeux : Je suis coupable, bien coupable, je ne veux pas m'excuser ; mais je crois que si j'avais rencontré quelqu'un qui m'eût tendu la main, qui m'eût repris avec bonté, qui m'eût un peu aimé, je crois que j'aurais aussi été un homme rangé, un honnête homme. Car, voyez-vous, je n'étais pas fait pour le mal, je le sens, j'étais capable de bien faire ; mais j'ai été abandonné, aigri, rebuté, et voilà mon honneur perdu, mon avenir perdu, ma vie empoisonnée. Pauvres gens ! ils disent souvent la vérité : un peu d'intérêt et de bienveillance les eût sauvés.

Du reste, quel que soit un homme, il ne perd jamais tous ses droits à notre affection, il est et il reste toujours digne d'être aimé ! Car qu'est-ce que l'homme ? C'est l'image de Dieu, ou plutôt, pour parler plus clairement, c'est le portrait de Dieu, le portrait de notre Père qui est aux cieux ; Dieu lui-même en est l'artiste, c'est sa main divine qui l'a touché. Vous avez vu, dans une maison, un tableau auquel on tient beaucoup, on a pour lui presque de la vénération, et pourtant l'œuvre de l'artiste est insignifiante, ce n'est souvent qu'un simple morceau de toile recouvert d'un peu de peinture ; pourquoi donc ce respect, ce culte? C'est que ce tableau est le portrait d'une mère ou d'un père qui n'est plus, qui a passé à une autre vie! Eh bien! voyez-vous cet homme tout défiguré, tout couvert de la poussière du vice et de la pauvreté, c'est le portrait de votre Père qui est aux cieux ; entourez-le donc aussi de votre respect, ramassez-le dans son abjection, écartez avec amour la poussière qui le salit, et si vous pouvez, rendez-lui son premier éclat.

L'homme, c'est plus encore que le portrait de Dieu, c'est son enfant, et c'est votre frère. Oui, que voulez-vous, c'est votre frère, le sang d'Adam est là pour le dire, il coule dans ses veines comme il coule dans les vôtres ; regardez-le bien, vous le reconnaîtrez ; il est malheureux, il est coupable peut-être, mais c'est toujours votre frère ; ne le repoussez pas, vous repousseriez votre propre sang. Et puis, allez, quel qu'il soit, il est enfant de bonne famille, il est de noble race, c'est le fils de Dieu, c'est son héritier : dites-lui donc aussi la parole de Raguel au jeune Tobie : *Sois béni, mon enfant, car tu es le fils d'un bon, d'un excellent père* (1).

Après tout, quels que soient les torts et les vices des hommes de notre temps, l'Évangile nous confond : qu'était le monde que Jésus-Christ a aimé, vers lequel il s'est baissé, qu'il a pris dans ses bras et pour lequel il a donné son sang? Un grand bagne

____

(1) Tobie, vii, 7.

dont les gardiens et les forçats étaient aussi dégradés et aussi pervers les uns que les autres. Voilà
qui coupe court à nos prétendues délicatesses.

Et quand bien même ces motifs ne suffiraient
pas, allez, il reste encore au cœur de quoi se prendre
largement du côté de la pitié et de la compassion.
Comment ne pas plaindre la pauvre humanité ! car
qui peut dire ce qu'une poitrine humaine recèle de
douleur, de larmes, de regrets, de tentations, de désirs vagues, d'insupportables ennuis, d'aspirations
qui ne seront jamais satisfaites ! Il y a des figures
sur lesquelles les traces de la souffrance sont si profondément empreintes, qu'on en est consterné. Oh !
comment avoir le courage de haïr ce triste fils exilé
d'Adam ! que demander à ce roseau que le vent agite, fatigue sans cesse ? comment ne pas lui tendre
plutôt la main ? car s'il est souvent digne de blâme,
il est toujours digne de pitié.

Il faut donc l'aimer, puisque cette charité lui fait
du bien, le rend moins méchant, le moralise et
nous moralise aussi nous-mêmes ; car n'avons-
nous pas un peu besoin d'être moralisés, de devenir meilleurs et plus heureux ?

Mais entendons-nous : aimer, qu'est-ce ? Aimer,
c'est souffrir, c'est se priver, c'est prendre de son
repos, de son bonheur, de sa vie et verser tout cela
dans un cœur avec de l'indulgence et de la bonté :
voilà ce que c'est qu'aimer, voilà l'amour qui est
fécond pour le bien ; aimer n'est pas seulement un

mot, c'est surtout une action, on ne peut trop le répéter aujourd'hui, où il y a une excessive tendance
à tout remplacer par des paroles, par des phrases.
Quand on a pu dire d'un homme : Il a bien parlé,
on croit qu'il a assez fait, et quand on a parlé soi-
même, on se tient souvent quitte de tout le reste.
Un homme vient se plaindre à nous, il trouve que
les choses de la vie ne vont pas bien pour lui. On
semble lui dire : Eh bien ! mets-toi là, je te vais faire
un discours, ou mieux lis cette brochure, et puis tu
retourneras à tes souffrances et moi à mes plaisirs
ou mes affaires. Pas tant de paroles, mais des actes,
des actes, et puis encore des actes, du dévouement,
de la charité, voilà ce qu'il nous faut.

Il ne manque pas d'hommes qui nous disent sans
doute avec une fort bonne intention : Tout le
mal vient de ce que le peuple n'est pas éclairé; qu'on
éclaire les masses, et tout sera fini. Mais ils ne songent
pas qu'éclairer les hommes, c'est leur dire la vérité ;
mais ils ne songent pas surtout que la chose la plus
difficile en ce monde, que le plus rude métier que
l'on puisse faire, c'est de dire la vérité aux hommes,
non pas la vérité spéculative qui n'oblige à rien, qui
ne demande que notre admiration, mais la vérité
morale, pratique, qui saisit l'homme aux entrailles
et lui dit : Courbe ta tête, adore ce que tu as
brûlé et brûle ce que tu as adoré : égoïste, sois généreux ; orgueilleux, sois humble ; homme le douleur, attends, patience, patience. Oui, dire cette vé-

rité et la faire embrasser, voilà la chose la plus difficile qu'il y ait au monde; pour cela il faut aimer, il faut être aimé; on vous écoutera parce que c'est vous, parce qu'on vous aime, tout vous est permis. Mais si on ne vous aime pas, au lieu de vous écouter, on se révoltera, on cherchera dans son esprit des raisons à opposer à vos raisons, des phrases à opposer à vos phrases, et vous y aurez gagné que la chose sera un peu plus embrouillée après qu'avant, et à la place de lumière vous aurez répandu de l'irritation et de la haine. Si vous sentez que vous n'aimez pas et que vous n'êtes pas aimé, taisez-vous, ou bien vous ne serez qu'un parleur impuissant; on ne croit que ceux qu'on aime, et on ne croit pas ceux qu'on n'aime pas, on ne veut pas de leur vérité. Gagnez la confiance, ayez du dévouement, prouvez d'une manière éclatante que ce n'est pas votre intérêt que vous cherchez, alors on vous croira : le dévouement, voilà de tous les langages le plus persuasif. Ce qui frappe, ce qui convertit le païen, c'est le dévouement de nos missionnaires; il est étonné des sacrifices qu'a faits ce jeune homme à la fleur de l'âge, il l'accable de questions : Pourquoi as-tu quitté ton pays? est-ce qu'il n'est pas beau, est-ce que tu n'y étais pas heureux, est-ce que tu ne l'as pas regretté?—Oh! si, répond le missionnaire, il est beau, le pays de France, j'y étais bien heureux et je l'ai tant regretté! Va on ne quitte jamais sa patrie sans regret, surtout quand cette patrie s'appelle la France ; mais je l'ai fait pour toi, pour te sauver. — Eh ! reprend le sauvage, avais-tu encore tes parents, avais-tu encore ton père, ta mère, des frères et des sœurs?—Oui, j'ai encore mon vieux père, et je l'ai vu pleurer à mon départ, pour la première fois de sa vie ; et je ne le reverrai plus sur cette terre. J'ai encore ma mère : ah ! la pauvre mère, elle ne se consolera jamais de m'avoir perdu ; mais je l'ai quittée pour toi, pour te sauver. » Après cela le païen s'en va pensif, il voit là quelque chose de surnaturel, et bientôt il retourne demander au missionnaire de lui apprendre la religion du Maître de la vie.

Il faut que nous en revenions là, il nous faut des dévouements aussi pour redresser les âmes. La parole est devenue impuissante, on en a trop abusé. L'intelligence elle-même est insuffisante ; elle ne sait plus, en présence des difficultés, des obstacles, des abîmes, que frissonner des pieds à la tête ; il faut donc que le cœur se mette de la partie ; car à lui seul il a été donné de voir en face les obstacles et de ne pas reculer ; d'ailleurs, l'intelligence est bien compromise ; si souvent elle a été fausse ! si souvent elle s'est mise au service de l'erreur ! Et puis, « nous avons affaire à un siècle léger et querelleur, » comme l'a si bien dit un homme de foi et de charité (1) ; il entasse difficultés sur difficultés,

(1) M. Baudon, président général des Conférences de Saint-Vincent-de-Paul.

questions sur questions ; semblable à Pilate, il demande : Qu'est-ce que la verité ? et puis, il s'en va sans attendre la réponse, ou bien, s'il l'attend, c'est pour la transpercer par un bon mot, pour en détruire l'effet par une plaisanterie : jamais nous n'en finirons avec lui par des raisonnements. Il faut, à l'aide du bon sens, aller tout droit au cœur, s'en emparer, et celui-ci mettra le reste à la raison. Voilà le plus sûr moyen de nous sauver; car, nous devons rendre cette justice à notre siècle, il est sensible, très-sensible aux dévouements, aux grandes charités ; voilà ce qui fixe sa légèreté, ce qui remue son âme et le fait profondément réfléchir.

Grâce à Dieu, le dévouement est encore séduisant chez nous ; il y a de si beaux instincts, de si heureux retours dans ce peuple français, qu'il aime toujours ceux qui l'ont beaucoup aimé !

Mais, hélas ! nous sommes bien loin de là : l'égoïsme, le culte de la matière, la méfiance, sont partout, parce que, pour gouverner les hommes, on s'est servi presque uniquement d'éléments dangereux, qui ne devaient entrer que pour une bien petite part dans la direction des choses humaines, comme on fait entrer une légère dose de poison dans la composition de certains médicaments. Les nobles instincts du cœur de l'homme ont été exclus des affaires ; on a fait un appel à la mauvaise partie de lui-même, et cette partie a été prompte à répondre : Me voilà ! Vous voulez de la ruse,

vous voulez de l'immoralité, vous voulez de l'é-
goïsme, vous en aurez. De là tout ce que nous
voyons, et ce que nous voyons est bien triste !

Évidemment nous nous sommes trompés, ayons
la franchise de le reconnaître ; pourquoi nous aveu-
gler plus longtemps ? Retournons aux meilleurs
sentiments de l'humanité, à l'abnégation, à la charité ; car, si Dieu doit nous sauver, c'est par elle qu'il
nous sauvera. Je voudrais pouvoir le dire à toute
la France : déjà beaucoup de bien a été fait, déjà
beaucoup de cœurs aigris ont été apaisés, beaucoup de misères du corps et de l'âme soulagées ;
mais il reste encore infiniment de bien à faire ;
nous avons encore besoin de bras, de bourses, de
cœurs. La charité est encore partielle et restrein-
te, il faut la généraliser, la populariser. Pour cela,
il nous faudrait un centre de direction ; il nous
faudrait de ces grandes réunions de la charité où
chacun, de toutes les parties de la France, viendrait dire ce qu'il a vu, ce qu'il sait, ce qu'il a appris, ce qu'il faut faire pour bien aimer les hommes. Chose étrange ! nous avons toute espèce de
congrès : congrès de la science, congrès de la
paix, congrès de l'agriculture, congrès même pour
l'amélioration des chevaux, et nous n'avons pas de
congrès de la charité ! évidemment, il y a là un oubli (1). C'est bien d'embellir l'existence de l'homme

______

(1) En Allemagne ces assemblées existent.

sur la terre, mais ce serait mieux encore de lui donner de quoi vivre d'abord, de satisfaire ses plus impérieux besoins, de donner le pain à son corps et l'amour à son cœur. Ce serait d'autant mieux qu'il n'y a que la charité, et une immense charité, qui puisse apaiser ces haines sourdes et implacables, ces jalousies noires, ces colères mal comprimées, qui bouillonnent au sein de la société.

La science, la politique, l'éloquence, pourront bien faire des efforts ; mais leurs efforts seront perdus, parce que souvent elles irritent la plaie au lieu de la guérir. La force matérielle pourra bien contenir un moment le torrent dans sa digue, mais bientôt vous l'entendrez crier à la force morale : Hâtez-vous, guérissez ce peuple; mes forces s'en vont, je sens que je lâche prise ; je n'en puis plus, tout est perdu.

A nous donc d'utiliser tous les éléments de charité que nous avons sous la main, et il y en a tant parmi nous ! la charité, nous la voulons presque tous ; le monde lui-même en veut en tant qu'elle soulage les misères corporelles. Sur ce point nous sommes du moins d'accord ; quand en sera-t-il de même sur tout le reste ? La charité, voilà le véritable terrain commun sur lequel nous pouvons tous nous rencontrer et nous entendre. Ah ! ne repoussons personne, non, personne. Plutôt qu'il soit béni, celui qui aime, qui fait un peu de bien ; celui qui adoucit une souffrance, tarit une larme,

quand même il ne serait pas encore chrétien par
la vie. — Tendons la main à la charité du monde,
elle ne peut que gagner à ce contact; car, on a
beau dire, pour être de bon aloi, la charité a besoin
d'être un peu chrétienne. Aussi, malgré ses efforts,
la charité du monde a été souvent malheureuse; elle
n'a pas même su donner aux choses un nom convenable; elle a appelé ses asiles de la misère *Dépôts
de mendicité*; dépôt! quel nom pour le refuge de
ce qu'il y a de plus sacré; dépôt de malheureux!
comme on dit dépôt de denrées coloniales, dépôt
d'engrais, ou de bois du Nord. La religion, elle,
place ses pauvres dans un hôtel, dans l'hôtel de
Dieu, dans ses Hôtels-Dieu, à la bonne heure!
Mêlons donc notre charité avec la charité du monde, qui ne pratique pas encore notre foi. Sachons-
lui gré de ses bonnes intentions, du bien qu'elle
fait et du mal qu'elle empêche; et espérons que
la bienfaisance sera pour beaucoup le chemin qui
les ramènera à la vertu; et qu'après avoir aimé
les enfants qui sont sur la terre, ils s'élèveront
jusqu'au Père qui est dans les cieux. Que ce soit
donc entre nous et le monde, comme l'a dit l'orateur chéri des jeunes gens, à qui répandra le
plus de charité; car il est bien temps que l'on
s'aime un peu sur cette terre; c'est bien assez de
haines, assez de misères, assez de luttes, assez de
sang versé. Hélas! la vie est si courte, si précaire!
vivrons-nous encore demain? et nous la passons

à nous disputer! pourquoi s'acharner ainsi les uns contre les autres? est-ce que la proie en vaut la peine? Ah! déposons nos haines, nos méfiances, notre égoïsme surtout. C'est lui qui nous a perdus. Nous en convenons tous, nous le répétons sans cesse : Il y a quelque chose à faire; oui, il y a quelque chose à faire; ce quelque chose, c'est de nous aimer; la réconciliation par la charité, voilà quel doit être le vœu de tous les cœurs. Qu'on ne dise pas qu'elle est impossible, ce serait calomnier la France. Arrière ceux qui croient à la perpétuité de la haine; arrière ceux qui soutiennent que la charité ne trouvera plus en France de cœurs reconnaissants! Qu'ils interrogent les hommes qui s'occupent de bonnes œuvres, ils leur répondront : qu'il y a sans doute des êtres voués au mal à tout jamais, mais qu'il y a des masses immenses qui ne demandent pas mieux que d'écouter la voix de la justice, du bon sens et de la résignation, pourvu qu'on les aime un peu. Aimons-les donc, aimons-les tous, Dieu le veut, Dieu le veut. La charité, voilà la croisade de ce siècle. Mais, hélas! il ne s'agit plus de sauver un pays étranger, lointain; c'est du salut de notre France sacrée qu'il est question. Pitié donc pour la France; car n'est-il pas navrant de voir dans le plus beau pays du monde, au sein d'un peuple généreux, les âmes si divisées, qu'on serait tenté de se demander en s'abordant : N'est-il point à craindre que bientôt

on nous voie nous entre-dévorer? Mais, en vérité,
il faut que cet état de choses finisse. Est-ce qu'il
ne dépend pas de nous d'y mettre un terme? N'a-
vons-nous pas tous une main pour la tendre, un
cœur pour aimer, une bouche pour prononcer des
paroles de paix? Versons donc la charité à pleins
bords dans ces âmes aigries; ne fuyons pas ceux
qui s'égarent; ne nous fâchons pas quand nous
rencontrons la déraison et l'injustice sur notre
chemin; mon Dieu! est-ce donc chose si rare? Ne
récriminons pas trop, nous sommes bien tous un
peu coupables; calmons les colères, apaisons les
haines; faisons un appel à la probité du cœur pour
vaincre l'obstination de l'esprit. A ceux qui travaillent et qui souffrent, disons d'abord : Patience,
patience; puis entourons-les des soins de la charité. Aimons surtout les enfants, les pauvres, les
vieillards, aimons-les tous, aimons; Dieu le veut,
Dieu le veut.

CHAPITRE II.

LES ENFANTS.

La première classe d'êtres qui se présentent à aimer, et à aimer beaucoup, sont naturellement les enfants, surtout les enfants des pauvres. L'enfance est toujours chose sacrée, mais elle est deux fois sacrée quand de plus elle est malheureuse. Pauvre petits êtres, ils connaissent déjà les douleurs de la vie avant même que d'en savoir le nom ; ils grandissent au sein de la misère, comme la fleur grandit au milieu de la fange ; et déjà le mal, sous sa double forme de misère et de vice, les guette, les attend pour les tourmenter et les souiller.

Pitié donc, pour les enfants, pitié surtout pour nos petits enfants des rues. Ah ! ici mon âme est brisée : malheureuses petites créatures, quelle existence, quel avenir, quelle éducation ! L'éducation de la rue, la pire, la plus détestable de toutes les éducations, celle qui conduit la jeune fille à la dégradation, le jeune homme au vice, à la prison, au bagne peut-être ! Vous comprenez leur malheur, vous qui avez des enfants que vous aimez et pour lesquels vous travaillez ; eh bien ! ces pauvres enfants ont un avenir, eux aussi : ils sont sensibles au bonheur et à la souffrance, ils ont une âme, et ce sont des créatures de Dieu, eux aussi, absolument comme vos enfants ; et si on les abandonne, ils vont perdre le respect d'eux-mêmes, contracter l'habitude d'une vie vagabonde et paresseuse, et s'avilir à tout jamais !

On se plaint et on s'étonne du débordement de vices et de crimes, de l'encombrement des prisons ; il n'y a pourtant pas de quoi s'étonner : il en doit être ainsi avec une pareille éducation. Les impressions du premier âge décident souvent de toute l'existence : alors que voulez-vous demander à l'enfant de la rue ? il ne sait ce que c'est qu'obéissance et discipline ; le travail lui devient à charge ; vers le temps de sa première communion, on essaie de l'envoyer à l'école, mais il n'y va que le moins possible ; il entre ensuite en apprentissage : Dieu ! quel apprenti ! il n'est mauvais tour qu'il ne joue à son patron, et celui-ci finit bientôt par le mettre à la porte. Alors il reprend son métier de paresse et de vagabondage ; on sait le reste. Voilà l'histoire de presque tous les habitants des prisons. Demandez à ce jeune coupable à figure malicieusement spirituelle : Mais, mon pauvre ami, comment se fait-il que vous vous trouviez ici ? il vous répond avec une franchise presque cynique : « C'est tout simple, j'ai commencé par être un enfant » de la rue, plus tard on a voulu m'envoyer à la » classe ; mais ça ne m'allait plus, les Frères, la Mu- » tuelle, tout cela m'embêtait. On me mit en appren-

» tissage, mais j'attrapais le patron. Pauvre patron !
» en voilà un auquel j'en ai fait avaler de dures !
» il me jeta à la porte : je fis des connaissances;
» il faut bien vivre; et puis voilà! » Ah! oui, voilà
comme on fait des hommes dangereux, des hommes
coupables, et voilà aussi ce qui contribue à faire
trembler sous nos pieds le sol de la patrie.

Eh bien! ces enfants des classes inférieures, il en
faut faire des hommes, des ouvriers honnêtes qui
comprennent qu'ils sont membres de la grande
famille humaine, et qu'ils peuvent mériter, autant
que qui que ce soit, estime et respect, et cela avant
que le mal ne les ait saisis de sa main de fer et ne
soit en état de leur dire : Tu es à moi, en vain tu te
débats, il est trop tard.

Grâce à Dieu, cette charité pour l'enfance, comme
toutes les charités, du reste, a été admirablement
comprise à Paris. On a beaucoup parlé des vices, des
crimes, de la corruption de Paris; mais on aurait
bien dû parler aussi de la charité, des dévouements,
des abnégations, des héroïsmes de Paris; c'eût été
justice; le bien qui s'y fait, nul ne le sait; le simple
exposé de ses œuvres de charité forme un volume,
il y en a plus de quatre-vingts. Hâtons-nous de dire
que beaucoup de villes de la province marchent sur
les traces de Paris, entre autres, Lyon, Marseille.
Lille, Nantes, Bordeaux, Toulouse, Metz, Nancy, etc.,
etc. A Paris la charité ne permet pas à une seule
misère de toucher l'homme, même du bout du doigt,

sans qu'elle y porte aussitôt la main. Comme le bon ange, elle le prend à son entrée dans la vie pour le conduire jusqu'à la limite de l'éternité ; il y a même des associations qui s'occupent de lui, qui l'aiment déjà quand il n'est pas encore né. D'un côté, c'est l'association de Charité maternelle fondée à Lyon en 1788, et qui a été honorée depuis par le plus noble et le plus illustre patronage ; elle a eu pour présidentes : Marie-Antoinette ; madame de Pastoret, à la suite de la Révolution ; madame Lætitia Bonaparte, mère de l'Empereur ; Marie-Louise, madame la duchesse d'Angoulême, et Marie-Amélie, la dernière reine des Français ; aujourd'hui les vice-présidentes sont : mesdames de Villiers, la maréchale Gérard et Grivel. Cette société charitable fournit aux mères pauvres des layettes, une indemnité de cinq francs par mois pendant dix mois, une petite somme à la fin de l'allaitement ; si la mère tombe malade, l'association paie une nourrice, et si elle meurt, elle recueille l'enfant.

D'un autre côté, c'est l'association des Mères de famille, qui donne des secours aux pauvres femmes en couches et à leurs enfants nouveau-nés que ne peuvent secourir les bureaux de bienfaisance et la société de Charité maternelle ; son but surtout est le soulagement des pauvres honteux. Les secours de cette association consistent : en layettes, effets de coucher pour les enfants, bons de pain, viande, bois, sucre, charbon, prêt de linge, etc. ; elle secourt plus de douze cents mères de famille. Ces dames travaillent elles-mêmes aux objets qu'elles donnent; elles font mieux encore, elles s'appliquent à réhabiliter des mariages, à ramener à la pratique des devoirs religieux les familles qui s'en sont écartées, etc.

Après viennent les crèches, les salles d'asile, dont je ne dirai rien parce que tout le monde les connaît (1), et que j'ai hâte d'arriver à l'âge qui nous intéresse spécialement, de montrer qu'il a trouvé des amis et de bien bons amis.

Ici, et dans le courant de cet ouvrage, je serai obligé de citer des noms propres, j'en demande pardon à la modestie de ces âmes charitables; il est bon, suivant la parole évangélique, que le bien soit connu, pour que la gloire en revienne au Père qui est dans les cieux, et pour inspirer à d'autres la pensée de le faire à leur tour.

On dit que saint Vincent de Paul, lorsqu'il fonda la Salpêtrière, alla implorer la charité de la reine régente; elle lui répondit qu'à cause du malheur des temps elle n'avait plus rien à donner. — Et vos diamants? lui dit l'homme de Dieu avec une sainte hardiesse. A cette parole Anne d'Autriche prend ses diamants, les remet à saint Vincent de Paul et lui demande le secret pour un tel sacrifice. « Le secret,

____

(1) Quelle est la mère de famille qui ne connaisse et bénisse les noms de madame de Pastoret, fondatrice des salles d'asile, et de M. de Marbeau, fondateur des crèches!

» Madame, non, répondit le saint, je ne puis le
» garder, j'ai du bien à faire; il faut, pour l'intérêt
» des pauvres, qu'un si grand exemple de charité soit
» connu de tout le royaume. » Nous aussi, en France, nous avons du bien, beaucoup de bien à faire;
il faut donc que l'on sache que des hommes du
monde, que des hommes souvent accablés d'affaires
s'arrachent à leurs occupations et à toutes les com-
modités de la vie, pour donner les soins les plus
tendres aux petits et aux pauvres : et puis il est bon,
surtout aujourd'hui, qu'il soit bien connu que tout
ce qui travaille et souffre trouvera toujours dans les
classes supérieures de vrais et sincères amis. Dieu
et les hommes me pardonneront donc de révéler
ces mystères de la charité, heureux si je pouvais
les révéler tous!

Au premier rang de ces bienfaiteurs de l'enfance,
marchant sur les traces de ses deux illustres prédé-
cesseurs, se trouve Mgr l'Archevêque de Paris. Pour
arracher les enfants à la rue, il faut des classes, et
malheureusement dans beaucoup de quartiers les
écoles ouvertes étaient insuffisantes; le pieux prélat
s'est placé à la tête d'une association qui a pour but
d'ouvrir de nouvelles écoles, et de venir au secours
des paroisses pauvres : il a fait un appel à la charité. Sa voix a été entendue, et aujourd'hui des mil-
liers d'enfants, exposés à une existence vagabonde,
reçoivent le bienfait d'une éducation religieuse et se
forment à une vie régulière et disciplinée. Voilà, à

coup sûr, une œuvre digne du plus haut intérêt. Cette œuvre est présidée par Mgr lui-même; le vice-président est M. de Pastoret.

Mais ce n'est pas encore assez d'avoir des classes, il faut les remplir, il faut y attirer les enfants; car, abandonnés à eux-mêmes, souvent ils vont jouer et laissent la classe déserte; il faut de plus mettre quelque chose dans le petit panier des vivres : la charité a tout prévu, la charité a pensé à tout; à quoi ne pense-t-elle pas? Un patronage des enfants a été établi par différentes associations, surtout par les membres de cette société de Saint-Vincent-de-Paul, que grâce à Dieu on n'a plus besoin de faire connaître parce que tout le monde la connaît, l'aime et la bénit. Les membres veillent à ce que les enfants des pauvres fréquentent les classes; par toutes les industries du cœur, ils gagnent leur confiance, et la confiance de leurs parents; ils se mettent en rapport avec les instituteurs, s'assurent du travail, des progrès de leurs jeunes protégés, récompensent leurs efforts; puis développent dans ces petites âmes, par de sages exhortations, les premières notions de la morale et les tendres germes de la piété; et souvent ils sont récompensés de leurs efforts par le bien qu'ils ont opéré, et par une bonne première communion qui en est le fruit.

Mais la première communion faite, tout n'est pas fini; voici le temps des dangers, des séductions et les provocations au mal. Du foyer de la famille et des pieux enseignements de l'école, les enfants passent dans une atmosphère impure qu'on appelle l'atelier : conseils perfides, exemples de corruption et d'impiété, moqueries, persécutions, rien ne manque à ces petits souffre-douleurs pour flétrir leur âme et pour aigrir leur cœur contre Dieu et contre la société. Pour remédier à ce mal, plusieurs asiles ont été ouverts successivement, où chaque dimanche rassemble ces pauvres enfants. Arrivés là, ils commencent par faire la grande toilette du dimanche, ils vont entendre la messe, et puis vient le dîner auquel on fait honneur. La journée se partage ensuite entre des classes, des instructions, des récréations ou des promenades; le médecin fait sa visite, les contrats d'apprentissage sont rédigés, les vêtements déchirés sont rétablis, la caisse d'épargne reçoit ses dépôts, la bibliothèque distribue ses livres: des confrères de Saint-Vincent-de-Paul président à tout; l'activité et la joie règnent sur tous les fronts. Le soir, on fait la lecture des livrets, c'est-à-dire des notes données par les patrons sur le travail et la conduite de la semaine; on distribue les cachets, sorte de papier-monnaie en échange duquel on adjuge mille petits objets utiles, au plus offrant et dernier enchérisseur (1). Près de cinq cents enfants font partie de cette grande famille, et les résultats ont été si heureux que les prêtres de Grenelle ont rendu ce témoignage : « Autrefois nous n'obtenions

(1) Rapport sur les conférences de Paris, à la Société de Saint-Vincent-de-Paul, 1853.

» de persévérance que de la part des filles, aujour-
» d'hui ce sont les garçons qui nous donnent le
» plus de consolations. »

Dans presque toutes les maisons de patronage, les plus pieux des apprentis (ils sont pauvres pourtant!) ont organisé de petites conférences de Saint-Vincent de Paul, ils ont leurs bonnes œuvres, et l'Almanach de l'apprenti contient une foule de faits touchants, d'actes de dévouement accomplis par ces jeunes enfants. Lorsqu'ils sont devenus des ouvriers, la liberté plus grande dont ils jouissent n'en fait pas des ingrats, ils reviennent avec bonheur à la maison de famille. O mon Dieu! pourquoi donc cette œuvre n'est-elle pas établie dans tant de villes de France où c'est bientôt une règle générale que l'apprentissage devienne une sorte de noviciat d'irréligion et de débauche? On cherche pour les enfants des moyens de persévérance, en voilà. O jeunes gens, chrétiens des classes riches, voilà de quoi tenter votre zèle et votre ambition !

Il est une autre œuvre bénie qui entoure de ses soins l'enfance du pauvre, elle a pris le joli nom de *Société des Amis de l'Enfance* (1) qu'elle sait fort bien porter ; parmi ses membres se trouvent une foule de noms chers à la religion et à la patrie, entre autres, MM. de Montreuil, son président, de Falloux,

---

(1) On trouvera des règlements de toutes les associations citées dans cet ouvrage à la maison des Hautes études des Carmes, rue de Vaugirard, chez l'Auteur, qui sera heureux de contribuer à leur propagation.

de Melun, Beugnot, de Montalembert, Baudon, Albert de Broglie, Benoist, de la Bouillerie, de Dampierre, Cochin, etc., etc.

Cette association se charge de subvenir à toutes les dépenses et aux frais de l'apprentissage de l'enfant qu'elle a recueilli, jusqu'à l'âge de seize ans ; il est d'abord placé dans la maison de Saint-Nicolas, fondée et dirigée par M. l'abbé de Bervenger, un autre ami des enfants, qui le met au nombre de sa grande famille, composée de plus de neuf cents membres ; là, il s'instruit, il fait sa première communion, il commence son apprentissage, ensuite il est placé, par les soins de la Société des Amis de l'Enfance, dans un atelier où on le visite de temps en temps. Le dimanche ils se réunissent tous dans la maison de famille, changent de linge, assistent à la messe, toujours sous la surveillance de leurs protecteurs ; après la messe, ceux-ci examinent les livrets, administrent des encouragements aux uns, des réprimandes aux autres, les aiment tous : les plus heureux dînent à la table d'honneur ; et puis viennent les vêpres, l'instruction religieuse. Tout cela fini, si le temps est beau, on fait une promenade, toujours sous la conduite de quelques membres de la Société des Amis de l'Enfance, qui ne craignent pas de sacrifier de temps en temps leur journée du dimanche aux enfants des pauvres : aussi les fruits ont été abondants. Ces enfants ont aussi leurs bonnes œuvres, ils font entre eux des quêtes, des loteries, pour secourir les pauvres, et nous citerons plus loin un trait remarquable de l'un d'entre eux qui a été couronné par l'Académie française.

Cependant cette œuvre, tout admirable qu'elle est, ne peut agir que sur un nombre restreint d'enfants, à cause des grandes dépenses qu'elle est obligée de faire ; en voici une autre qui peut étendre le bienfait du patronage à une foule immense d'enfants. C'est l'œuvre des Apprentis, fondée par M. de Melun, un ami sincère et dévoué des classes ouvrières. Cette œuvre a pour but de placer chez des maîtres sûrs et habiles les enfants à la sortie des écoles, de les et surveiller pendant le temps de leur apprentissage ; d'ouvrir des classes du soir, pour les enfants occupés dans les ateliers et les manufactures, à l'heure où finit le travail, et de les réunir, pendant la journée du dimanche, sous la direction et la surveillance des Frères des Ecoles chrétiennes. On le sait, dans les classes laborieuses, les parents, sans cesse aux prises avec les difficultés de la vie, placent souvent leurs enfants dans la première maison d'apprentissage qu'ils rencontrent, sans s'informer si celui auquel ils confient ce qu'ils ont de plus cher au monde, est moral et capable ; s'il s'acquittera loyalement de ses obligations. L'œuvre des Apprentis a essayé de remédier à ce mal ; elle a formé des comités dont les membres vont visiter de temps en temps l'enfant dans son atelier, s'informent de son travail, s'assurent que les conditions du contrat sont fidèlement gardées. Chaque soir ces enfants se rendent à l'école, et le dimanche ils assistent à la messe en commun, après laquelle on leur fait une instruction religieuse appropriée à leur âge et à leurs besoins ; à Pâques, on leur donne une retraite pour les disposer à la communion pascale.

De temps en temps, il y a des distributions de prix ; mais ces prix sont : des pantalons, des blouses, des casquettes, etc.

Les Frères des Écoles chrétiennes ont apporté à ces œuvres le concours du plus généreux dévouement, et MM. les abbés de Conny, de Girardin, de Ségur leur ont rendu les plus éminents services du côté des secours spirituels.

Il y a encore beaucoup d'autres œuvres fondées en faveur de l'enfance, mais il serait trop long d'en parler en détail.

C'est l'association des Fabricants et Artisans pour l'adoption des orphelins des deux sexes. Son but est de donner une instruction convenable aux enfants, et de les placer ensuite en apprentissage. Elle a pour président honoraire, M. Dupin ; pour président titulaire, M. Michelot.

C'est la société pour le Placement en apprentissage des jeunes orphelins. Elle les prend sous son patronage lorsqu'ils ont onze ans révolus. Son président est M. Bertrand, et son trésorier, M. Edmond Mallet.

C'est la colonie agricole et industrielle de Petit-Bourg, qui reçoit les enfants pauvres de Paris, et les forme aux travaux de l'industrie et de l'agriculture. Le président du comité est M. Portalis.

C'est la société d'adoption des enfants trouvés et abandonnés. Elle les place à ses frais dans les colonies agricoles. Son président est M. Molé, et son secrétaire, M. Amédée Thayer.

C'est la société de patronage des jeunes libérés, qui vient au secours de ces jeunes coupables, au moment où ils sont rendus à la liberté. Elle a obtenu les plus consolants résultats : le nombre des récidives n'a pas été de douze pour cent, parmi les enfants qu'elle a patronés. Son président est M. de Béranger. Enfin, je n'en finirais pas si je voulais les nommer toutes.

C'est la société des jeunes Savoyards et Auvergnats ; c'est la société Tutélaire et Paternelle ; c'est l'œuvre de Saint-Jean, au Gros-Caillou ; c'est l'œuvre des Orphelins du choléra ; c'est, etc., etc. (1).

Mais, on peut le dire, si la charité a bien traité les petits garçons à Paris, elle a traité mieux encore les petites filles : on serait tenté de dire qu'elle les a traitées avec luxe, si l'on ne savait qu'il reste encore du bien à faire, et que l'on a beau épuiser la rue, il s'y retrouve toujours de malheureuses

(1) Une maison a été fondée à Paris, rue du Regard, pour recueillir les enfants juifs qui veulent embrasser la religion catholique du consentement de leurs parents ; elle est dirigée par M. l'abbé Ratisbonne.

petites créatures à secourir. La charité a été vraiment industrieuse en faveur de ces jeunes enfants il en devait être ainsi : le génie de la femme chrétienne devait se montrer là plus que partout ailleurs. La première association qui se présente à nous est l'œuvre des Jeunes-Économes, qui a eu la bonne pensée de faire des enfants riches les protectrices des enfants pauvres : elle pourvoit à l'éducation, à l'instruction, au placement et à l'entretien des jeunes filles pauvres qui, n'étant pas orphelines, ne pourraient que difficilement trouver un refuge dans une maison de charité. Pour cela, chaque associée donne tous les mois 30 centimes; pour le mois de janvier la cotisation est doublée. Quoiqu'il en soit : nul ne s'en plaindra, ne faut-il pas que l'on donne des étrennes à ces pauvres enfants ? Puis on travaille, on s'ingénie de toute manière pour placer des billets de loterie, on met une forte contribution sur ses menus plaisirs, on se sert même des grâces de son âge, afin d'obtenir une aumône généreuse ; enfin, on fait si bien que plus de deux cents jeunes filles reçoivent gratuitement le bienfait de l'éducation et de l'apprentissage.

La jeune enfant peut faire partie de l'association des Jeunes-Économes dès son entrée dans le monde, et ce serait une pensée bien digne du cœur d'une mère chrétienne, de faire inscrire son enfant sur la liste des bienfaitrices des pauvres, en même temps qu'elle est inscrite sur les registres du baptême. L'association possède une maison où se trouvent réunies une centaine d'enfants : le reste est placé dans de bons ateliers, sous la surveillance de leurs jeunes protectrices ; elles les gardent jusqu'à dix-huit ans.

L'œuvre est dirigée par un supérieur ecclésiastique, par une directrice trésorière, une secrétaire, vingt conseillères, vingt vice-conseillères et plusieurs associées ayant titre d'aspirantes. Le supérieur est M. Surat, vicaire général ; la directrice-trésorière, mademoiselle Lauras.

Cette association existe aussi à Metz, à Tours et à Lyon ; c'est là qu'elle fut fondée par madame Bureaux de Puzy.

Il serait facile de l'établir dans toutes les villes de province, et même dans beaucoup de bourgs. Quelle est la jeune personne un peu aisée qui ne puisse donner six sous par mois ? Monseigneur Chalendon, qui l'avait établie à Metz, vient de l'établir à Belley, où les éléments ne lui ont pas manqué, quoique la ville ne soit point considérable.

Après l'œuvre des jeunes personnes vient naturellement l'œuvre des mères ; c'est l'association de Sainte-Anne : elle a le même but que la précédente, elle est composée de dames qui souscrivent à une cotisation annuelle de six francs par an, cinquante centimes par mois ; près de cent cinquante enfants sont placées sous son patronage.

Il y a encore la maison de Sainte-Marie de Lorette,

fondée pour l'éducation des jeunes filles de douze à
dix-huit ans; l'œuvre de l'Immaculée-Conception qui
a pour but d'ouvrir un asile et de procurer du travail
aux jeunes filles après leur première communion et
surtout à l'âge où elles sortent des établissements
de charité; elle est sous la direction de M. le curé de
Saint-Séverin.

L'institution de Saint-Louis fondée par mesdames
Barthélemy et de Romieu, etc.

Si on a pris tant de soin pour des enfants simplement pauvres, on n'a pas pu oublier les orphelines;
de tous côtés des asiles leur ont été ouverts : la maison des Enfants-Délaissés, pour les orphelines de
mère, fondée par mesdames de Carcadot et de Sais-
seval, élève cent cinquante jeunes filles. La présidente est madame la duchesse Mathieu de Montmorency, et la vice-présidente est madame la
baronne de Montmorency.

La maison de la Providence, fondée par M. Des-
genettes, curé de Notre-Dame-des-Victoires, renferme près de deux cents enfants. L'établissement
des Sœurs de Saint-André reçoit un certain nombre de jeunes filles externes et cent quarante in-
ternes. — Le pensionnat des jeunes luthériennes, qui
renferme trente orphelines environ; enfin l'œuvre
du patronage des jeunes filles détenues, libérées et
abandonnées; elle est dirigée par les Sœurs de Notre-
Dame-de-la-Charité, sous l'inspection des dames de
l'œuvre. La présidente est madame de Lamartine,

et la vice-présidente est madame de Lagrange, etc., etc. Qu'on ne vienne pas maintenant nous dire que le jeune âge est abandonné au milieu de cette vaste capitale, voilà certes un beau commencement; car, hélas! tout n'est pas fait, il s'en faut beaucoup. Que les âmes de bonne volonté y songent. Mais plût à Dieu que cette charité fût connue et imitée par toute la France! car, pour dire franchement toute notre pensée, il y a des contrées où les enfants sont dans un délaissement déplorable, la plus grande partie de leur existence se passe dans la rue. Aussi, qu'une diligence s'arrête dans certain bourg, dans certaine ville, voilà une nuée d'enfants, de petits garçons, de petites filles, qui se précipitent autour de cette diligence, se battent, se disputent pour obtenir des sous qu'ils s'en vont inutilement dépenser; et voilà de petits chrétiens, voilà de quoi faire des pères et des mères de famille, voilà la génération future! En présence d'un tel spectacle, l'âme s'attriste et se dit : Mon Dieu! où est donc la charité? habite-t-elle cette ville? ce bourg? et si elle y habite, que fait-elle? quelle plus grande misère a-t-elle pu trouver à secourir que celle de ces malheureux enfants?

Ah! laissez venir le vieillard, l'infirme, le blessé autour de la diligence; il est bon que le riche, en voyageant, ait parfois sous les yeux le spectacle de la misère humaine; mais, de grâce, n'y laissez pas venir les enfants. Vous savez bien que vous les perdez, que le peu d'argent qu'ils reçoivent leur est funeste; qu'ils s'en servent souvent pour s'essayer à boire de ces liqueurs qui leur rongeront les entrailles et les voueront sans retour à une vie de désordre. Hélas! nous sommes si légers, si imprévoyants de l'avenir que nous passons avec indifférence auprès de ces misérables petits êtres en disant peut-être : *Bah! c'est un gamin, que voulez-vous que j'y fasse?* C'est un gamin ; mais souvenez-vous que dans quelques années ce sera un homme et un homme sans principes, sans moralité, sans ressource ; et êtesvous bien sûr, pouvez-vous répondre qu'il n'ira pas, un poignard à la main, saisir votre fils à la gorge et lui dire : Tu es riche, tu as de l'argent, il me le faut ; donne vite et remercie-moi de te laisser la vie ? Nul ne peut en répondre au milieu des événements qui se succèdent, et je ne sais, en vérité, comment les parents ne tremblent pas en voyant grandir leurs enfants au milieu de ces masses de jeunes gens sans conscience et sans aveu. Savez-vous qu'il peut y avoir là une puissance formidable dans les mains de qui aura assez d'audace pour s'en emparer ! Chez eux tout, même la conscience, est remplacé par des appétits ; or, rien n'est plus capricieux que des appétits : s'il allait leur prendre fantaisie de nous dévorer ?

Non, il ne doit plus y avoir d'enfants dans la rue ; il ne doit plus y en avoir un seul. Ce n'est pas la police qui le défend, c'est la charité, c'est la

pudeur chrétienne. Tout le monde parle aujour-
d'hui de son dévouement au bien de la France :
voulez-vous sérieusement la sauver ? voulez-vous
sincèrement la rendre un peu plus chrétienne ?
emparez-vous des enfants.

Vous qui aimez l'humanité, quand vous rencon-
trerez un de ces petits enfants, allez à lui et dites-
lui : Conduis-moi, mon ami, à ton père et à ta
mère. Là, usez de toutes les voies de la persuasion
et du sacrifice pour les gagner ; traitez-les avec
indulgence, ils sont si infirmes dans le bien. Promettez votre concours. Si votre fortune ne vous
permet pas de faire tout ce que votre cœur désire,
allez trouver vos amis, et dites-leur : Voilà un
enfant, il est dans une mauvaise voie, il en faut
faire un homme. Mais tous les jours on voit des
ouvriers s'entendre et s'entr'aider à retirer un enfant de la rue, quand déjà ils sont pères de famille. C'est là une honte pour nous. Si vous le
pouvez, adoptez, en quelque sorte, un de ces enfants, comme cela se fait encore dans beaucoup
de bonnes familles. *Ce sera le vôtre, à vous ;* vous
le surveillerez, vous l'encouragerez ; vous l'aimerez, et il vous aimera. Alors s'établiront, entre
vous et lui, ces bons rapports de protecteur à protégé, qui font tant de bien à tous deux. Il craindra de vous déplaire, il cherchera à gagner votre
affection. Quand il aura mal fait, il trouvera sa
punition dans un de vos regards. Quand il aura

fait le bien, il trouvera sa récompense dans un de vos sourires ; et, quelquefois, vous serez admirablement payé de vos peines... Un enfant, recueilli et formé par la société des Amis de l'enfance, travaillait chez un patron qui vint à mourir ; il laissait deux enfants en bas âge, sans ressources et sans personne qui voulût s'en occuper : le jeune ouvrier en adopta un. Le jour, il travaillait pour subvenir à ses propres dépenses, et, la nuit, il travaillait pour nourrir son jeune protégé. Cependant, on s'aperçut bientôt que ses traits avaient changé ; on le surveilla, et l'on découvrit ce mystère admirable de la charité. L'Académie française en a été instruite, et elle lui a décerné le prix Montyon ; et, aujourd'hui, ce jeune homme est un des membres titulaires de la société des Amis de l'enfance ; il siége à côté de ses anciens protecteurs, et il faut avouer qu'il l'a bien mérité !..

Il serait possible d'établir, même dans les campagnes, des maisons de refuge pour l'enfance. M. de Cormenin, dont la charité est si active, a déjà établi dans le département du Loiret, et ailleurs, plus de deux cents *ouvroirs campagnards* pour les jeunes filles. Les dépenses sont si peu considérables, qu'il ne se trouve pas de pays où elles ne puissent être couvertes.

Il y a de plus, là, un moyen facile d'agir sur la famille de l'enfant, et de rapprocher entre elles les classes de la société. Hélas ! nous sommes si divisés! Comme on l'a si bien dit : autant nous aimons l'enfant du pauvre, autant il nous aime ; car ce petit être est tout ce qu'il possède au monde. Entrée mystérieuse que celle du cœur, elle est fermée aux plus habiles, et c'est presque toujours un enfant qui nous l'ouvre (1)...

Ce n'est pas la mère qui sera la dernière à vous savoir gré de ce que vous faites pour son enfant, et, à partir de ce jour, elle vous trouvera beaucoup de qualités qu'elle ne vous connaissait pas; et le père lui-même, quel qu'il soit, en sera touché. Malgré son entourage, un homme est toujours un homme, et, sous cette écorce raboteuse, il y a encore un cœur parfois sensible et franc.

Une personne fait du bien à un enfant; surtout elle contribue à lui procurer un habit convenable pour le jour de sa première communion. Le père, homme irascible et redoutable, assiste à la cérémonie. Il est ému, touché, bouleversé, et il s'en va trouver la bienfaitrice de son enfant, et lui dit : Je suis un misérable; vous m'avez fait du bien, et moi, je me suis si mal conduit envers vous ! — Eh bien ! mon ami, lui est-il répondu, que tout soit oublié, n'en parlons plus. — Pardon, excuse, reprend-il, je n'ai pas fini; il faut que je décharge mon cœur, je n'y puis plus tenir : « J'ai dit, et » c'était bien dans ma tête, qu'à la première

____

(1) Rapport ci-dessus.

» émeute, j'avais *un bon coup de fusil* à votre in-
» tention. »

Il serait beau de voir les enfants servir de mé-
diateurs entre les différentes classes de la société,
de les voir prendre, en quelque sorte, d'une main,
la main de leur bienfaiteur, et, de l'autre, la main
de leur père, et de leur dire : Soyez amis...

Si vous avez un enfant, ne manquez pas de l'as-
socier à votre bonne œuvre; entreprenez-la plutôt
pour lui. La charité va si bien à son âme neuve et
candide, et c'est une si bonne pensée de faire de
l'enfant du riche le patron de l'enfant du pauvre ;
ils grandiront de compagnie sous vos yeux ; quand
votre enfant aura un peu de bonheur, le petit pauvre en aura quelque part; et quand vous renou-
vellerez sa toilette, la vieille reviendra de droit à
son jeune protégé. Que votre fille aussi ait son enfant à assister, à aimer; qu'elle travaille, qu'elle
économise pour elle ; que ses doigts touchent la
grosse étoffe qui doit servir de vêtements au pauvre. Ce travail sera bien plus utile que toutes ces
broderies, ces tapisseries, que l'on commence
toujours, et que l'on n'achève presque jamais...

Parents, vous tremblez pour l'avenir de votre enfant, et vous avez raison de trembler. Mais souvenez-vous donc que vous avez dans la charité le
plus puissant moyen d'éducation morale ; que, d'a-
près nos principes, la charité fait plus de bien à
celui qui la donne qu'à celui qui la reçoit. Faites

aimer les pauvres à votre enfant, et c'est chose peu difficile ; stimulez cette charité, et puis promettez-lui pour eux, s'il est sage, s'il étudie, s'il se corrige de ses défauts, de petites sommes que vous lui donnerez fidèlement. Il ne voudra pas priver le malheureux, il voudra gagner la prime, et il sera heureux de la gagner, heureux de souffrir, heureux de se priver lui-même... Ainsi il apprendra à devenir homme, c'est-à-dire à se résister, à se commander. Il saura maintenant dire non à un caprice, non à une passion. Il aura connu les saintes joies du sacrifice et les triomphes de l'abnégation ! ce qui n'est plus guère connu en ce siècle ; aussi nous voyons presque tous nos jeunes hommes, dans les meilleures conditions, tomber devant cette fantasmagorie de chiens, de chevaux et de tout le reste que je ne veux pas nommer : ce n'est pas à vingt ans que l'on peut commencer à se vaincre.

Votre enfant aura, de plus, trouvé, dans la charité, une chose dont il ne peut se passer, une affection, un but aux élans de son cœur. Que de jeunes hommes de la société de Saint-Vincent-de-Paul ont dû leur innocence à leur charité ! et il est étrange comme on se fait illusion sur ce point, même dans de bonnes familles. On vise à éloigner son enfant du mal... on le tient enfermé, et puis on se croit sûr. Mais on oublie que le cœur ne s'enferme pas ; qu'il se remplit ; que le laisser un

instant vide, c'est l'exposer à un grand danger ;
qu'il faut que l'amour du bien vienne vite prendre
la place de l'amour du mal... Cette pensée a été
parfaitement rendue dans un article fort remarquable que je trouve dans les *Annales de la charité.*
« L'enfance, y est-il dit, est une époque de res-
» ponsabilité extrême pour l'entourage ; la plus
» légère impulsion peut tout décider, et celle qui
» serait maladroitement bonne, deviendrait par là
» même mauvaise. Souvent alors, on représente à
» son fils ce qu'il doit éviter ; on cherche à lui en-
» lever au moins la liberté de mal faire, mais on
» ne lui offre rien en échange du sacrifice que l'on
» exige ; on ne fait naître nul intérêt qui puisse
» apporter une heureuse diversion. Beaucoup de
» mères, particulièrement, s'attachent à créer des
» obstacles matériels que le fier jeune homme a
» hâte de briser. Ce n'est point ainsi que Dieu agit
» envers nous ; il nous laisse le choix, en nous indi-
» quant celui auquel nous devons nous arrêter : Ne
» haïssez point votre prochain ; mais aimez-le ; ne lui
» prenez point ce qui lui appartient, mais donnez-lui
» ce qui est à vous, lorsqu'il manque du nécessaire.
    » Que l'on n'espère pas arracher une âme, une
» imagination, une intelligence, à une pente, pour
» la fixer sur une surface plane, sans horizon, mais
» que l'on oppose un entraînement à un autre : la
» folie du bien, du sacrifice de soi-même, du dévoue_
» ment, enfin, aux dépravations de l'égoïsme. Si un

» jeune homme soupire un instant en songeant aux
» joies qui l'attendaient, aux amis dangereux qu'il
» consent à fuir, qu'une magnifique image lui appa-
» raisse et occupe le vide qui se fait autour de lui ;
» que l'amour du bien vienne le saisir sous les formes
» de la charité, et que la pitié de tant d'égarements
» remplace l'envie qu'ils allaient lui inspirer (1). »

On l'oublie trop souvent, le jeune homme a un
cœur avec lequel il faut bien compter... Ce cœur
veut aimer, et il aimera comme on aime quand
on est jeune, c'est-à-dire sans mesure et sans réserve ; il aimera passionnément. Vous lui défendrez
la passion du mal, alors donnez-lui la passion du
bien : qu'il aime Dieu, les pauvres, toutes les saintes choses ; que son cœur palpite et repalpite sous
leurs émouvantes impressions ; qu'il ne reste jamais
inoccupé ; après cela la volupté viendra lui dire
des paroles enchanteresses, lui faire de séduisantes
offres de bonheur ; mais il lui sera répondu sans
peine et sans façon : Il est trop tard ; la place est
prise, et j'ai beaucoup mieux...

Ce besoin de la charité dans l'éducation morale
a été compris par les plus habiles maîtres : chez les
Jésuites, les jeunes hommes ont leurs pauvres,
leurs aumônes, leurs sacrifices volontaires ; au
collége Stanislas, à la maison de M. l'abbé Poiloup,

____

(1) Octobre 1850, *la Charité à Boulogne-sur-Mer*, par madame
la marquise de GEOFFROY-MÉNILGLAISE.

il y a des conférences de Saint-Vincent-de-Paul (1).
Dans les plus célèbres pensionnats religieux, aux
Oiseaux, au Sacré-Cœur, les jeunes personnes se forment à la pratique de la charité : aux Oiseaux, il y
a une maison d'orphelines à côté du pensionnat ;
au Sacré-Cœur on permet aux pensionnaires d'a-
dopter de petites filles pauvres… ; elles travaillent
pour elles, les instruisent au moment de leur première communion, et s'entendent pour les habiller.
Les plus grandes et les plus sages recoivent, comme
récompense, la permission d'aller, en compagnie de
dames charitables, visiter les pauvres ; pour leurs
bonnes œuvres, les plus âgées prennent sur les dépenses de toilette ; les plus petites donnent une partie de leurs bonbons (2).

Dans presque tous les catéchismes de Paris, il y
a des œuvres de charité, même dans les quartiers
peu riches. A Saint-Sulpice, à Saint-Roch, à la Madeleine, à Saint-Thomas d'Aquin, on adopte des
enfants pauvres ; il y a aussi des conférences de
Saint-Vincent-de-Paul, même à Saint-Jacques-du-
Haut-Pas, paroisse de pauvres. Ces œuvres intéressent les enfants, gagnent souvent les parents à
la charité, établissent les meilleurs rapports en-

(1) Au collége de l'Assomption, à Nimes, la conférence a trois
divisions, elle a donné en 1851, 9,305 fr. 37 c.

(2) Chez les dames de l'Assomption, rue de Chaillot, les religieuses
elles-mêmes accompagnent les enfants dans la visite des pauvres,
et un jour de la semaine est consacré à travailler pour les pauvres.
De plus, aux Oiseaux chaque classe adopte trois pauvres femmes, et
les enfants les plus sages les visitent en compagnie d'une religieuse.

tre les enfants des différentes classes de la société.

Je reviens au point d'où je suis parti, et je dis : Allons à la source du mal... tarissons le mal dans sa source; elle est là, dans l'enfance. Quand on a vagabondé pendant plusieurs années, il est impossible de se fixer quelque part, on en a pour toute sa vie ; empêchons ce vagabondage, nous ne ferons jamais plus de bien. Moraliser un enfant, c'est plus que nourrir une famille de pauvres pendant vingt ans. Cet enfant bien discipliné deviendra un bon ouvrier, puis un honnête père de famille, et subviendra aux besoins de sa femme et de ses enfants auxquels il transmettra la tradition du bien et du travail pour qu'elle passe aux générations à venir.

Abandonnez cet enfant, il faudra le nourrir toute sa vie ; ce sera bien la moindre chose ; oui, il le faudra bien, d'une façon ou d'une autre ; il faudra le nourrir, lui, sa femme, et toute sa génération de paresseux et d'êtres dégradés. Plaçons-nous donc avec courage entre ces pauvres petits enfants et cette hydre du mal qu'on appelle vice ou misère, et disons-lui hardiment : Non, non, tu n'auras pas cet enfant, ce n'est pas le tien, c'est celui de Jésus-Christ, il l'a acheté et payé bien assez cher ; et nous aurons fait une bien bonne action. D'après l'Évangile, les plus terribles malédictions, les plus redoutables châtiments sont pour ceux qui perdent un enfant ; mais si c'est malheur, malheur à ceux qui scandalisent : ce sera bonheur, bonheur à ceux qui sauvent les enfants.

CHAPITRE III.

Et maintenant j'ai hâte de venir à vous, bons petits enfants que Dieu n'a pas fait naître pauvres ; ce chapitre sera tout entier pour vous seuls. Pourrais-je vous oublier quand il s'agit de charité ? Oh ! non ; je manquerais à la reconnaissance, et je priverais les pauvres de beaucoup de secours et de consolations. Je vous connais bien, mes enfants ; je connais le fond de votre âme ; vous m'avez rendu parfois si heureux ! L'enfance, c'est le temps de l'innocence et des joies vives, et la joie a bon cœur, et l'innocence n'aime pas à voir souffrir, et puis la charité porte bonheur pour toute la vie ; il y a là une bénédiction dont je serais malheureux de vous priver. Aussi je vais vous parler, comme je vous aime, du fond du cœur ; et qui pourrait, mes enfants, ne pas vous bénir et vous aimer ? Jésus-Christ n'a-t-il pas dit que pour aller au ciel il fallait vous ressembler !

Tout le monde n'est pas riche sur cette terre, mon enfant, c'est-à-dire qu'il y a des gens qui ont faim, qui ont soif, qui ont froid, et qui n'ont pas de pain, pas de vêtements, rien, rien, il y en a même qui sont si malheureux ! Je vous demande pardon de vous parler de si tristes choses, mais dites, n'est-il pas plus triste encore de les endurer ? De plus, il y a pour vous dans la misère une bonne leçon. Chaque jour, on vous conduit chez des maîtres savants; il faut bien profiter de leurs enseigne-- ments; la misère est aussi un grand maître dont les leçons peuvent vous rendre plus heureux. Je reviens à ce que je vous disais. Il y a donc, mes enfants, des gens si malheureux, si malheureux, qu'au premier abord ils vous feraient peur à voir : ils sont pâles, maigres, décharnés, et ces hommes ont aussi des enfants, comme vous, jeunes, frêles et aimant le bonheur comme vous; mais que leur sort est diffé- rent du vôtre ! Pauvres petits enfants, qu'ils sont dignes de pitié ! Rien ne vous manque à vous : vos mères, ces bons anges de l'enfance, pourvoient tendrement à vos besoins ; jamais vous n'avez eu faim, jamais vous n'avez eu froid. Oh ! tant mieux, tant mieux, mes enfants; mais il y a d'autres en- fants, qui ont faim, qui pleurent, qui demandent du pain à leurs parents, et ceux-ci n'ont pas de pain à leur donner !

Vous avez du linge toujours blanc, votre toilette est toujours belle, et ces enfants ont des haillons, des guenilles où la vermine a souvent passé ; vous avez une demeure saine, toujours bien chauffée, et un beau lit blanc pour dormir, et eux ils ont une maison ouverte à tous les vents, de la brique froide pour y poser leurs pieds, et ils couchent pêle-mêle sur la paille humide, souvent pas même une chemise de rechange, et pourtant ce sont de petites créatures de Dieu, eux aussi. Vous-mêmes vous auriez pu naître pauvres, et si vous ne l'êtes pas, c'est à Dieu que vous le devez ; puisqu'il a été bon pour vous, soyez bons pour eux ; venez à leur secours, écoutez la parole de Tobie à son fils : *Mon enfant, fais la charité autant que tu pourras : si tu as beaucoup, donne beaucoup ; si tu as peu, donne peu, mais toujours de grand cœur* (1) ; surtout ne les méprisez pas, ne soyez pas fiers de votre richesse, Jésus-Christ n'a-t-il pas été un petit pauvre aussi, n'ayant pas une pierre pour reposer sa tête ? et qui sait, mon enfant, si vous ne deviendrez pas pauvre un jour ? Oh ! que Dieu vous en préserve ! On a vu, et on voit encore, souvent des hommes riches devenir tout-à-coup pauvres. On dit qu'un homme qui avait autrefois de vastes propriétés, de superbes équipages, des chevaux magnifiques, qui obtenaient des prix aux courses les plus célèbres, porte aujourd'hui sur son dos la hotte du chiffonnier. Soyez donc charitables pour les pauvres, afin que Dieu ait pitié de vous si jamais vous devenez pauvres ; écoutez les bonnes inspirations de votre âme, il y a de si bons sentiments en vous ! Mais si vous aspirez aux premières places dans la charité, hâtez-vous, elles sont rares, il faut que la vôtre

_____

(1) Tobie, IV, 8 et 9.

soit bien grande, il y a de si beaux exemples, même
chez ceux qui ne sont pas riches. Je vais vous en citer
un trait. « Un petit enfant appartenait à une famille
pauvre, tous les jours sa mère en l'envoyant à l'é-
cole lui donnait un morceau de pain bien sec, et un
sou pour ajouter une petite douceur à son frugal repas ; le pauvre enfant déjeunait avec le pain, et cachait mystérieusement au fond d'un meuble le sou
de chaque matin. Un jour, sa mère découvre ce tré-
sor ; inquiète sur son origine, elle demande à son
fils d'où lui vient cet argent, et à quoi il compte
l'employer : « Maman, répond l'enfant avec un
» charmant embarras, j'ai mis de côté tous mes
» sous, pour les donner aux pauvres quand je ferai
» ma première communion. » Touchante inspiration ! ce petit ange voulait que les pauvres prissent
part à son bonheur, et que ce fût fête sur la terre
aussi bien que dans le ciel, le jour où pour la première fois son cœur s'unirait à Dieu (1).

Je vous ai dit aussi que la charité porte bonheur ;
oui, mes enfants, celui qui aime les pauvres, Dieu le
bénit ; il peut s'égarer quelquefois, mais il a toujours comme un bon ange qui le ramène à la maison
paternelle, c'est-à-dire aux joies et aux croyances
de ses premières années : chose remarquable, tous
les enfants vertueux, morts à la fleur de l'âge, ont
été compatissants pour les pauvres. Sur ce point en-

____

(1) Rapport ci-dessus.

core, nous ne manquons pas de frais et délicieux exemples. Une jeune personne, morte à Metz, entourée d'une auréole de sainteté, connaissait dès le plus jeune âge toutes les industries de la charité. Lorsqu'on lui donnait une tartine de confiture, elle disait qu'elle voulait la manger à l'envers et que c'était beaucoup meilleur ; comme on ne voyait en cela que de l'enfantillage, on la laissait faire et cacher le côté de son pain sur lequel se trouvait l'assaisonnement qui plaît au jeune âge ; mais elle, alors, substituait adroitement un morceau de pain sec à sa tartine, et, sans qu'on le sût, elle portait celle-ci à un petit Savoyard qui était fort exact à venir chercher, chaque jour, le goûter de sa jeune bienfaitrice. Cela dura assez longtemps, et quand on s'en aperçut, Adèle dit pour s'excuser : « Et comment ne l'aurais-je pas fait? en recevant ce que je lui donnais, il me disait : Dieu vous bénisse, ma bonne demoiselle, je le prierai pour vous. Est-ce que les prières de ce petit Savoyard ne valent pas mieux que toutes les tartines (1) ? »

Vous aussi, mes enfants, vous voudrez être charitables ; vous ne voudrez pas rester en arrière ; vous voudrez avoir votre part de bénédiction, et vous aimerez les pauvres de Dieu, pour qu'il vous aime à son tour. Quand on parlera d'une grande misère devant vous, allez vite chercher dans votre bourse au

(1) Notice sur mademoiselle Adèle des Essarts, morte à Metz en 1843, par Mgr.Chalendon , ex-coadjuteur de Belley.

moins une belle pièce de cinq sous toute'neuve, et
regrettez encore de ne pouvoir donner davantage ;
accompagnés de vos parents, allez quelquefois visiter les pauvres ; dans votre classe, dans votre catéchisme, établissez de petites œuvres de charité,
comme on le fait dans beaucoup d'endroits.

Il en est une que j'aime beaucoup, c'est l'œuvre
de la nouvelle paroisse Saint-Augustin, à Paris ; on
l'appelle *l'Œuvre de l'Enfant-Jésus :* pour en faire
partie il faut donner cinq sous par mois. Il y a un
conseil, composé d'une présidente de douze ans,
d'une vice-présidente, d'une secrétaire, d'une
trésorière générale et de beaucoup de trésoriers
particuliers qui ont à peine le même âge. De temps
en temps on se réunit pour s'occuper de ses pauvres ;
on adopte des petits enfants ; on nomme des visi-
teuses qui vont voir, accompagnées de leurs parents,
les enfants adoptées, leur portent des secours, en
argent, en vêtements et en bons conseils, et ne s'en
retournent pas sans avoir baisé maternellement, au
front, leur jeune protégée.

Mais vous allez me dire : Et l'argent, où en prendre ?
il en faut pour tout cela, et comment en avoir ? C'est
chose si rare, on a bientôt fini de tout donner ! Eh
bien ! écoutez-moi, je vais vous apprendre à faire
de l'argent, à battre monnaie pour les pauvres ; il
faut bien que la charité ait ses petites industries.
D'abord, intéressez à vos bonnes œuvres les personnes que vous connaissez ; profitez d'une fête.

d'un mariage pour faire une quête pour vos pauvres,
ne soyez pourtant pas importuns; demandez surtout
à ceux que vous aimez et qui vous aiment; ils ne s'en
plaindront pas, on donne toujours volontiers à ceux
qu'on aime !

Voici encore un autre moyen, mais je vais vous le
dire tout bas pour que personne n'entende. On dit
que vous aimez un peu trop la vanité dans les habits;
que vous demandez souvent de trop belles choses;
que vous répétez sans cesse : Petite mère, donnez-
moi ceci, donnez-moi cela. Eh bien! mes enfants, retranchez sur ces dépenses, aimez les choses simples,
et le reste, vous le donnerez aux pauvres. Est-ce que
vous avez besoin de toutes ces parures? Pour être
jolies et aimables, n'avez-vous pas vos deux yeux si
doux, vos joues roses, votre bouche fleurie, et votre
beau front candide?

Un jour on parlait d'une famille bien pauvre,
devant une jeune enfant qui allait faire sa première
communion; elle aimait bien aussi un peu la vanité
et elle tenait précieusement en réserve une pièce de
vingt francs; c'était le commencement d'une somme
destinée à lui acheter un bracelet. Au récit de cette
misère, son cœur fut profondément ému, et sa mère
lui dit : Eh bien! ma fille, que vas-tu faire? combien
donnes-tu? Et elle de répondre franchement : Je
donne tout, je ne veux plus de bracelet, ce serait
pour moi un remords toutes les fois que je le verrais.
On arrangea les choses, et on vint à bout d'obtenir

qu'elle ne contribuerait que pour cinq francs. Ecoutez encore un trait, car j'aime tant à causer avec vous ! Une autre enfant ; mais celle-ci était plus âgée, elle avait seize ans, et à seize ans on aime déjà beaucoup à plaire, et une imagination de seize ans trouve rarement les choses trop belles. Ses yeux avaient vu un mantelet de cent quatre-vingt-dix francs, elle l'avait trouvé fort beau et elle s'était bien promis de l'acheter ; le lendemain elle alla au sermon : on prêchait sur la charité et l'on dit que pour secourir les pauvres il fallait prendre sur la vanité. Ce sermon venait fort mal à propos pour le mantelet ; elle avait bon cœur et elle se dit : Voilà une belle occasion ; un mantelet de cent vingt francs sera passable, et il me restera soixante-dix francs pour faire l'aumône. Son parti fut pris, et les pauvres se trouvèrent riches de soixante-dix francs de plus. Voilà une bonne manière de faire de l'argent...

Vous ferez quelque chose de semblable, sans compter que vous ménagerez bien vos vêtements, toutes vos petites affaires, afin de pouvoir les donner aux pauvres quand ils ne vous serviront plus.

On dit que le bon roi Louis XII, surnommé le père du peuple, portait *ses pourpoints* percés au coude pour épargner l'argent de ses sujets. Aujourd'hui, les temps sont bien changés. La mode ne permet plus de porter *des pourpoints* percés, mais au moins ayons soin de les donner aux pauvres. Enfin, mes enfants, quand vous n'aurez plus rien, vous

vous adresserez à vos parents pour obtenir d'eux quelque chose; vous leur ferez de belles promesses et vous y tiendrez; et puis vous serez si sages, si studieux, si laborieux, si aimables, que l'on ne pourra rien vous refuser; qu'on sera heureux de vous donner et de vous donner beaucoup, et alors vous ferez une part pour vous, même pour acheter des bonbons. Dieu est indulgent, mes enfants, il ne vous défend pas de manger des bonbons; mais aussi vous ferez la part des pauvres pour leur acheter du pain, du bois, des vêtements, car, hélas! du pain, du bois, des vêtements, ce sont souvent des bonbons pour les pauvres; oui, mes enfants, soyez charitables. Ah! si vous saviez comme il y a des gens malheureux, comme il y a des gens qui souffrent, ce serait vraiment cruauté de les laisser ainsi souffrir. Voyez cette mère en présence de ses enfants, elle devrait leur sourire. Hélas! elle a bien plutôt besoin de pleurer, car ces petits malheureux sont malades; il leur faudrait des vêtements chauds, un peu de bonne nourriture, des médicaments pour les guérir, et elle n'a rien à leur donner; ils crient, ils pleurent, ils demandent, et elle est là devant eux, désolée, brisée par la douleur. O mon Dieu! que vont-ils devenir, et que va-t-elle devenir elle-même? peut-être le désespoir va-t-il lui faire jeter une malédiction aux hommes et un blasphème à Dieu. Volez à son secours, portez-lui une petite aumône, afin qu'elle soulage un peu ses enfants, et puis, des larmes de

bonheur dans les yeux elle vous dira : « Merci, merci,
mon bon petit enfant, vous nous sauvez la vie ; » et
Dieu et vos parents vous aimeront davantage.

. Mais il est encore une autre misère plus digne
de compassion : vous avez une mère, vous, elle
vous aime et vous l'aimez ; que vous êtes heureux !
Oh ! qu'il est bon d'avoir encore sa mère ! Une
mère, une bonne mère, c'est presque toute la félicité de la vie ; vos plus doux bonheurs vous sont
venus de votre mère : quand vous avez des peines,
vous les dites à votre mère, et vous vous sentez sou-
lagé. Le soir, surtout, quand vous allez vous endormir, vous l'appelez auprès du lit de votre repos ;
et là, elle dit à votre oreille des choses ineffables de
bonté, et vous vous endormez au doux murmure de
sa parole ou à la suave mélodie de son chant, et
puis elle tombe à genoux auprès de votre lit, elle prie,
la bonne et sainte mère, elle prie pour vous surtout,
et avant de vous quitter, de ses lèvres elle effleure
délicatement votre joue de peur de vous réveiller.
Oh ! que sa prière soit exaucée, que Dieu lui accorde
ce qu'elle demande ! puissiez-vous être aussi heureux que son cœur le souhaite !

Mais, mon enfant, songez qu'il y a sur cette terre
de malheureux enfants qui n'ont plus de mère, qui
sont pauvres et orphelins, qui n'ont plus de mère
pour les plaindre et les aimer, plus de mère pour
jouir de leur bonheur, pour les suivre des yeux au
beau jour de leur première communion, pour les

recueillir le soir et les couvrir de baisers ; elle est morte, et en mourant elle a jeté son dernier regard sur eux, et sa dernière parole a été celle-ci : Hélas ! mes enfants, mes pauvres enfants : qui en prendra soin? mon Dieu, ayez pitié de mes enfants.

Oh ! cher petit ange, donnez, donnez beaucoup, si vous le pouvez ; donnez pour que ces orphelins ne soient pas abandonnés, pour qu'ils aient quelqu'un pour les soigner, pour les aimer, pour remplacer leur mère, si c'est possible.

Et quand votre mère à vous sera malade, quand la mort menacera de la frapper, vous viendrez prier au pied de son lit, vous rappellerez à Dieu que vous avez été bon pour ses orphelins ; vous promettrez d'être meilleur encore, et votre prière ira jusqu'au ciel ; ce sera la véritable *lettre au bon Dieu*.

On dit qu'un enfant, voyant sa mère dangereusement malade, écrivit une lettre au bon Dieu pour lui demander sa guérison ; il l'attacha sous l'aile de sa plus belle colombe qu'il embrassa tendrement, en lui recommandant bien de la porter à son adresse ; mais, hélas ! il y avait trop loin, le ciel était trop haut, et la lettre ne fut pas remise. Celle-ci arrivera jusqu'à sa destination, et quand Dieu la verra, il dira : Ah ! c'est la mère de mon petit enfant qui aime bien mes pauvres, qui est malade, je ne veux pas qu'elle meure, je ne veux pas lui faire cette peine ; et puis, il inspirera au médecin les remèdes efficaces, et votre mère sera guérie.

Et vous, mon enfant, qui grandissez tous les jours, qui bientôt serez une jeune fille, n'oubliez jamais les pauvres; sans doute, votre position vous condamnera à aller quelquefois dans les fêtes du monde; mais restez toujours ce que vous êtes, conservez votre belle et bonne nature; ne vous laissez pas fasciner par tous ces enchantements, par toutes ces illusions, par ces paroles d'éloges qui seront dites derrière vous à demi-voix pour qu'elles soient plus flatteuses. Au milieu de ces prodigalités du luxe, de ces flots de lumière et d'harmonie, pensez encore quelquefois aux malheureux, pensez que dans la même ville, dans la même rue, dans la même maison, peut-être au cinquième ou sixième étage, Dieu voit un tout autre spectacle... C'est une mansarde ouverte à tous les vents, la neige en couvre le toit, elle est glacée, il y fait froid comme dans un caveau de cimetière; là, se passe une scène telle qu'il s'en passe, hélas! bien trop souvent. Dans un coin dorment de petits enfants qui se rapprochent les uns des autres et qui se serrent pour n'avoir pas trop froid; sur un débris de lit est couchée une femme à figure décharnée; la peau de ses mains et de sa gorge semble collée à ses os; elle est malade, la pauvre veuve, malade de fatigue et malade de douleurs, parce que, depuis la mort de son mari, son travail ne suffit plus à nourrir sa famille. Devant elle se tient sa fille aînée, jeune comme vous, qui veille sa mère après une journée où elle a travaillé quinze heures pour gagner à peine quinze sous ; elle lui présente une tasse d'eau pour rafraîchir sa poitrine brûlée, et sa mère, après en avoir goûté, la repousse et lui dit : C'est trop froid ; cela me fait mal, cela me glace ! il faudrait un peu de sucre, et nous n'avons pas d'argent pour en acheter ; mon Dieu, quelle misère ! bienheureux ton père, si j'étais donc avec lui !

Et la jeune personne, tombant sur le lit de sa mère, prend sa main décharnée, la couvre de ses baisers et de ses larmes, et lui dit : Ma mère, pourquoi parlez-vous ainsi ? vous me prenez le reste de mes forces, je n'aurai plus de courage à travailler maintenant que je sais que mon travail ne pourra plus vous apporter un peu de soulagement ; ma bonne mère, ayez confiance, nous ne serons peut-être pas toujours si malheureuses. Dieu est bon, il ne nous abandonnera pas ; il y a encore de bonnes âmes sur la terre, peut-être nous en enverra-t-il quelqu'une.

Mon enfant, soyez cette bonne âme, soyez cet ange consolateur, faites-vous conduire au sein de la pauvre famille, secourez-la de l'argent de votre bourse et des bonnes paroles de votre cœur ; écoutez la longue histoire de ses malheurs, promettez de revenir, et quand vous serez sortie, la jeune enfant, tombant de nouveau dans les bras de sa mère, lui dira : Vous le voyez, ma mère, j'avais raison, il y a encore de bonnes âmes, Dieu ne nous a pas abandonnées ; et toutes deux diront avec effusion : Oh ! la bonne jeune fille ! que Dieu la bénisse !

CHAPITRE IV.

LES PAUVRES.

Plus que jamais les pauvres sont dignes de pitié et d'affection, parce que leur misère est grande, parce que la bonne vie est à l'ordre du jour, et parce qu'ils sont plus pauvres des biens de l'âme que des biens du corps.

Il ne faut rien exagérer sur ce point, mais aussi il ne faut rien dissimuler, de peur que des besoins réels ne soient pas secourus. Il y a de la misère en France, il y a beaucoup de misère..... et il ne faut pas s'en étonner; cela ne doit surprendre personne ; c'est une suite naturelle des commotions que nous avons subies, et de cette fièvre de jouissances matérielles qui nous tourmente : est-ce que la passion a de la prévoyance ? elle veut jouir jusqu'au bout, dût-elle trouver la mort le lendemain.

On parle beaucoup de la misère de l'Irlande, des souffrances de l'Irlande; s'il y a plus de misère en Irlande que chez nous, ce qui paraît certain, alors plaignons beaucoup les Irlandais : mon Dieu ! est-i*l*

possible qu'il y ait des habitations plus chétives,
un mobilier plus misérable encore que ce que nous
voyons en France? Je n'aime pas à faire des peintures
de misère, elles sont toujours au-dessous de la réalité ; la misère ne se peint pas, elle se voit. Alors,
il est vrai, elle intéresse un peu moins l'imagination, mais elle remue davantage le cœur et les
cordons de la bourse, ce qui fait beaucoup mieux
les affaires de la charité. Qu'il me soit permis de
vous introduire dans une mansarde seulement.
Vous voyez cette chambre basse, étroite, mal close,
la fenêtre a perdu une partie de ses vitres, du papier
les remplace ; dans un coin ou dans le milieu, un peu
partout est un matelas de crin ou de paille couvert
d'un monceau de haillons, c'est le lit ; à côté, est un
petit coffre, un pot de terre, avec deux ou trois restes de chaises : eh bien ! voilà l'habitation, voilà le
mobilier de trois, quatre, cinq et même six personnes. Faut-il le dire? on s'entasse pêle-mêle dans le
même lit, à moins que la famille, pauvre aujour-
d'hui, n'ait été dans l'aisance ; elle ne peut s'arran-
ger de ce système, on en suit un autre; la moitié
de cette famille veille jusqu'au milieu de la nuit,
alors l'autre moitié est arrachée au sommeil et
rendue au sentiment de sa misère, pour céder la
place à ceux qui l'attendent et qui l'ont bien méritée : voilà la détresse, surtout des villes, des
grandes villes.... L'année dernière, des membres
de la société de Saint-Vincent-de-Paul trouvè-

rent une famille ainsi composée : un mari dé-
couragé, une femme paralytique, quatre enfants
couchant pêle-mêle sur des tables, enveloppés
dans des jupons en lambeaux ; six êtres vivants
dans une chambre sale et nue (1). D'autres membres
sont appelés à porter des secours à une femme en
couches ; ils la trouvent mourante, étendue sur un
galetas, recouverte de quelques chiffons, dans une
chambre qui n'avait ni une porte, ni une fenêtre ; près d'elle était l'enfant qu'elle venait de mettre au monde, enveloppé dans la veste de son
père ; celui-ci, récemment sorti de l'hôpital, et la
femme de son ami, car dans cette chambre il y
avait deux familles, vont, inquiets, de la mère à
l'enfant ; impuissants et sans ressources, ils ne font
qu'assister à une double agonie. Il y avait de plus
dans cette maison sept petits enfants qui couchaient
sur le carreau dans un couloir humide (2).

Et la nourriture des pauvres ! souvent ramassée
partout, même dans la fange.... Une pauvre femme
guette le moment où la domestique de telle maison va aller déposer des ordures dans la rue ;
puis elle court les remuer, cherche des débris de
pain, de viande, de légumes. On sait que les chif-
fonniers trouvent souvent là une partie de leur vie,
et quand on leur demande : Comment avez-vous le
courage de manger de tels restes ? ils vous répon-

____

(1) Rapport, 1850, p. 11. — (2) Ibid. p. 13.

dent : Oh ! Monsieur, la misère fait faire bien des choses !

Pour ces pauvres gens, la faim est une sorte de spectre qui les poursuit, qui les obsède et les épouvante. Vous allez voir un homme malade; il vous fait l'énumération d'une suite de souffrances, ou d'infirmités plus affreuses les unes que les autres, il dit la vérité; le médecin l'a constaté, et puis il ajoute avec l'accent du désespoir : « Et ce qu'il y a de plus malheureux, c'est ce que je mange. »

Du reste, si l'on veut se faire une idée de cette misère à Paris seulement, il n'y a qu'à visiter la rue Neuve-Saint-Médard, la rue Copeau, la cour Saint-Louis et l'impasse d'Any.... Surtout le samedi quand il fait beau temps, et que le linge des familles pauvres est étendu sur des ficelles et sur des bâtons, Dieu ! quelle lingerie ! Et les enfants, comment sont-ils vêtus ? un jupon en lambeaux, c'est le seul, c'est l'unique vêtement d'une jeune fille de dix ou douze ans. Et pour soulager une si grande pauvreté on ne peut compter sur les secours des bureaux de bienfaisance; malgré l'active vigilance de l'administration, malgré les efforts des autorités pour se procurer des ressources, les bureaux de bienfaisance, avec les recettes même des bals, des fêtes, de tout le reste, ne peuvent venir à bout de donner à chaque pauvre, dans les circonstances ordinaires, qu'environ trois ou quatre centimes par jour... à peine assez pour r éclairer, le soir, sa mansarde, et lui montrer le spectacle de sa misère, et encore il n'y a que 64,000 pauvres environ d'inscrits sur les listes : combien d'autres misères aussi sacrées qui ne reçoivent absolument rien !

Au moins si le corps seul était pauvre; mais non, l'âme est aussi malheureuse que le corps.

Les pauvres n'ont plus guère de religion, c'est à peine s'ils en connaissent quelque chose; l'impiété d'en haut est descendue en bas; notre indifférence religieuse a, pour ainsi dire, déteint sur eux. Mais, qu'on y songe sérieusement ! sans les consolations de la religion, la pauvreté n'est pas supportable; si vous voulez la résignation, donnez l'espérance. L'espérance, l'espérance, voilà le premier bien de l'homme : prenez-lui tout, mais laissez-lui l'espérance; de grâce, ne lui prenez pas l'espérance. Or, aujourd'hui, les pauvres, souvent, n'ont plus cette espérance, cette dernière consolation de l'homme; c'est pour cela qu'ils souffrent tant. L'homme chrétien regarde sa misère, et se résigne; l'homme non chrétien regarde sa misère, et enrage ou s'abrutit. N'avoir pas les consolations de la religion, et être pauvre avec nos idées, être pauvre au milieu de ce luxe, de ces fêtes enivrantes, ah! c'est affreux. — Les pauvres se sont figuré que le bonheur, tout le bonheur, est dans cette seule chose dont ils sont privés, la fortune; que, pour être heureux, c'est assez d'être riche. Qu'on aille leur dire : Allez, les riches de la terre ont bien leurs peines, ils ne sont pas tous heureux ; ils vous répondent : Comment? ils ne sont pas heureux? que leur manque-t-il donc? Bien nourris, bien couchés, bien logés, des fêtes, des équipages, et rien à faire, et ils ne seraient pas heureux? Et, après cela, vous les voyez ouvrir deux grands yeux de jalousie sur toutes les jouissances matérielles..... leur âme se tord de regrets, de douleurs et de désirs stériles. C'est donc à la charité plus que jamais de les plaindre, de les aimer, et de leur persuader la pauvreté à force d'abnégation et de dévouement... de leur faire, du travail et de la souffrance, comme une sorte de joie toute remplie d'espérance.

Mais on dit : Les pauvres ont des défauts : ils sont ingrats, menteurs, souvent malheureux à cause de leur paresse et de leur immoralité.

D'abord, je pourrais répondre : Les pauvres ont leurs défauts, et nous avons les nôtres, partant quittes, n'en parlons plus. Mais j'ai besoin d'entrer dans les détails, parce que ces accusations, si souvent répétées, découragent la charité. Les pauvres sont ingrats ; ne disons jamais cette parole, elle est injuste ; mais disons ceci : Il y a des ingrats parmi les pauvres, alors nous dirons la vérité... Mais l'ingratitude est donc chose si rare sur cette terre pour tant s'en étonner?... N'avez-vous jamais aimé des ingrats? Est-ce bien à vous de vous plaindre que les pauvres sont ingrats?... Et le monde

que vous servez tous les jours, que vous aimez,
que vous flattez, est-il toujours reconnaissant ?
Après l'avoir splendidement traité, après vous
être apauvri même pour lui donner de brillantes
fêtes, soyez malheureux, ayez des peines et **des**
chagrins, et puis essayez d'aller dans ses réunions,
avec vos deux yeux tristes, pour y chercher un
peu de diversion à la douleur, le vide se fera autour de vous, et, quand vous serez parti, on dira,
avec un accent impitoyable : *Ma foi, quand on est
triste, on reste chez soi.* Après cela, est-ce bien la
peine de tant parler de l'ingratitude des pauvres,
pour quelques francs qu'on leur a donnés ?...

Et, s'il y a des pauvres ingrats, il y a des pauvres si bons, si reconnaissants, même pour la plus
chétive aumône ! ah ! vraiment, avec eux, on est
trop payé de la peine ; il est à craindre que Dieu
n'ait plus rien à nous donner.

Une pauvre femme apprend la mort du membre
de la société de Saint-Vincent-de-Paul qui la visite : elle va chercher son dernier sou, qu'elle
destinait à acheter du tabac, objet de première
nécessité pour elle, court à l'église, achète un
cierge, et le fait brûler à l'intention de son bien-
aiteur (1).

Dans les terribles journées de juin, un homme
ajustait un prêtre connu, dans le quartier, pour sa

____

(1) Rapport, 1850.

grande charité ; il allait tirer, quand un pauvre s'élance, détourne le fusil, en lui criant : « Malheureux ! que vas-tu faire ? *c'est un bon citoyen.* »

On dit : Les pauvres sont menteurs. Il faut avouer que, sur ce point, le siècle leur a donné assez bon exemple. — Que voulez-vous ? c'est leur diplomatie à eux, et la nôtre doit être de leur faire du bien sans nous laisser tromper...

Ils sont pauvres par leur faute, à cause de leur paresse, de leur immoralité... Voilà une parole qui ne doit être prononcée qu'avec beaucoup de précaution et de réserve ; elle peut facilement être injuste et cruelle. Il est si dur, quand on est malheureux, de s'entendre accuser injustement ! Gardons-nous de confondre les innocents avec les coupables ; il en est chez les pauvres comme dans les autres classes de la société : ce ne sont pas les bons qui font le plus de bruit, qui se montrent davantage ; il y a une certaine catégorie d'aventuriers, que malheureusement nous avons encouragée, en donnant sans faire de visites, qui se rencontrent partout, tandis que les vrais pauvres attendent et souffrent dans le silence. Sans doute, il y a des hommes qui sont les artisans de leur propre misère, mais beaucoup sont innocents. Est-ce la faute de cette famille honnête qui vivait au jour le jour de son travail, si une affreuse maladie est venue la frapper ? Est-ce la faute de ces ouvriers, de ces domestiques qui ont confié toutes leurs économies, tout le fruit de leurs sueurs à un négociant ou à un agent de change, si celui-ci, après avoir mené joyeuse vie, après avoir affiché un luxe scandaleux, s'échappe à l'étranger, et les laisse dans le plus complet dénûment? Est-ce la faute de cette femme si elle a un mari libertin, débauché, qui lui vend jusqu'au débris de son chétif mobilier, et qui la frappe encore quand elle ose se plaindre? Est-ce la faute de ces petits enfants, s'ils sont orphelins, ou bien s'ils ont un père ivrogne et paresseux? Est-ce la faute de ces pauvres vieillards qui ont travaillé soixante ans de leur vie, si leurs enfants les laissent souffrir de la faim? Est-ce la faute de cette malheureuse jeune fille, si des hommes sans cœur abusent de leur position et de leur fortune pour lui enlever toute ressource, si elle ne consent à perdre l'honneur, etc.? Oh! plaignons-les, mais ne les accusons pas; prenons garde d'insulter au malheur: il est si facile de devenir pauvre; il y a tant de chemins qui mènent à cet abîme! Oh! si on connaissait l'histoire de la misère de certaines familles, les épreuves par lesquelles elles ont passé, j'oserais presque dire la fatalité qui les a poursuivies, on cesserait bientôt de les accuser. Mais, il faut tout dire, oui il y a de temps en temps parmi les pauvres paresse et immoralité. Hélas! il y en a bien trop... C'est parfois à désoler, à lasser une patience d'airain, et à faire presque désespérer de l'humanité; mais si nous les abandonnons à eux-mêmes, au milieu empesté dans lequel ils vivent, en seront-

ils moins mauvais et moins dangereux ! N'est-ce pas
là une raison pour s'en occuper? Et puis, soyons
justes, ayons le courage de la vérité tout entière : on
se plaint des vices des classes malheureuses ; mais
où voulez-vous qu'elles apprennent la prévoyance
et la moralité? Dites, où peuvent-elles aujourd'hui
se former à tout cela ? Dans la rue ? dans l'atelier ?
au cabaret? Il n'y a qu'un endroit où la moralité
s'apprend : c'est dans l'église, au pied de la tribune
catholique. Or, depuis quand n'y vont-elles plus ?
Qui leur a donné l'exemple de la désertion des
temples ? Qui, au jour consacré, le matin, a enchaîné leurs mains par le travail et par la faim ?
Qui, le dimanche au soir, les a jetés dans l'antre
de l'orgie ? Oh ! ne remuons pas toutes ces questions ; ne réveillons pas le lion endormi, son réveil
pourrait être terrible, et tous les battus ne seraient
certes pas du côté des pauvres ; oublions le passé
et donnons-nous la main pour réparer le mal présent, sans trop rechercher quels en sont les auteurs.
Les pauvres ne sont pas toujours ce qu'ils devraient
être ; essayons de les rendre un peu meilleurs. Prenons nos précautions, ne donnons qu'avec prudence,
et ne nous laissons jamais aller au découragement.
Nous avons été trompés une fois, deux fois ; ce
n'est pas une raison pour tout abandonner. Que
voulez-vous ? c'est une mauvaise affaire, c'est un
mauvais placement de fonds que vous avez fait ;
une autre fois vous serez plus heureux. La charité

a ses chances comme le commerce. Un négociant a livré des marchandises dont il ne sera jamais payé, il se garde bien de quitter le commerce pour cela ; il se dit : Voilà une mauvaise affaire ; soyons plus vigilant, et tâchons de nous dédommager d'un autre côté. Voilà ce que nous devons faire dans l'exercice de la charité, d'autant plus que nous sommes certains que notre temps ne sera jamais perdu ; qu'après avoir pris toutes les mesures de prudence, nous sommes sûrs de la récompense, puisque c'est à Dieu que nous avons donné. Chose consolante ! les vices du pauvre, sa paresse, son immoralité sont à lui ; mais sa misère est la misère de Jésus-Christ ; il l'a prise, il se l'est assimilée : c'est lui qui tend la main ; c'est à lui qu'on donne ; c'est lui qui dit : Merci ; et c'est lui qui récompense.

Du reste, quand on a vu la misère de près, quand on a visité souvent les demeures des pauvres, quand on a bien examiné leurs vices, leurs vertus, leurs souffrances, il est un sentiment qui saisit fortement l'âme et qui lui arrache ce cri : Oh ! pourquoi ne sont-ils pas plus connus ? Autrefois en présence d'une grande douleur et d'une grande détresse, on disait : Ah ! si le roi le savait ! de nos jours, et avec plus de justice, on pourrait s'écrier : Ah ! si la France le savait ! si les riches le savaient ! — Puisse ma parole arriver jusqu'à eux ! S'ils savaient tout le bien qu'ils peuvent faire, tout le mal

qu'ils peuvent empêcher ; s'ils savaient ce que les
yeux du pauvre contiennent de larmes, et son cœur
de désespoir... s'ils savaient dans quel dénûment
vivent des créatures humaines ; s'ils savaient quelles
vertus, quels héroïsmes même habitent les mansardes ; s'ils savaient qu'il y a souvent dans l'existence du pauvre un moment décisif, fatal, où un
léger secours, une bonne parole, peut éloigner une
pensée coupable... détourner de la voie du vice,
du crime peut-être, — ils courraient sur-le-champ
tendre la main à ces malheureux.

CHAPITRE V.

MOYENS DE SECOURIR LES PAUVRES. — DE LA PART DU
COEUR DANS LA CHARITÉ. — LA FEMME CHRÉTIENNE.

Dieu soit béni ! il est beaucoup plus facile qu'on
ne le pense de faire la charité, et la Providence, si
bonne en tout, n'a voulu priver aucune de ses créatures, si petite qu'elle soit, de la plus douce jouissance qui soit au monde, celle d'apaiser une souffrance, de tarir une larme, de faire des heureux.
Elle a multiplié les moyens, et il y en a beaucoup
auxquels nous ne songeons pas.

I.e premier, le plus simple, le plus facile, mais
aussi le moins méritoire, c'est de prendre de l'argent
dans sa bourse et de le donner aux pauvres ; nous
devons être heureux que cet argent, qui fait tant
de mal, puisse au moins faire quelque bien, apporter un peu de soulagement à celui qui le reçoit et
un peu de bonheur à celui qui le donne...

Mais l'argent est bientôt dépensé, rien ne s'épuise
vite comme une bourse, et après on en est réduit
à dire : Que voulez-vous, je n'ai plus rien, je ne puis
vous donner. Il faut donc chercher des moyens de

faire de l'argent pour les pauvres : et ils ne manquent pas. Il en est un surtout qui est des plus féconds, que je n'ai fait qu'indiquer dans le chapitre aux enfants ; c'est de prendre sur ses dépenses superflues. Nous avons dit que pour bien faire la charité, pour aimer véritablement, il faut se priver, il faut donner de ses aises, de son bonheur, de sa vie ; or, que de ressources on pourrait trouver pour les pauvres dans les dépenses superflues ; il y a là une véritable Californie ; c'est inépuisable. L'argent, on le dépense si inutilement, on le jette, on le prodigue sans réflexion, pour une vanité, pour un caprice, pour un coup de tête.

Nous sommes sensibles, nous aimons les pauvres, il nous en coûte de les voir souffrir ; nous le disons souvent, et je crois que c'est vrai; la vanité même a bon cœur quand elle y songe ; mais nous oublions nos beaux sentiments, et nous avons vite perdu de vue la faim et ses tortures, et puis l'argent s'en va en objets de luxe, en fêtes, en voyages, en fantaisies, etc. Et pendant ce temps les malheureux n'ont pas de pain! notre conscience devrait être tourmentée de remords... On a vu nourrir des familles entières en réunissant de vieilles cartes de visite, des cachets de cire, en entassant non des centimes, mais des millièmes de centimes; avec toutes nos dépenses inutiles que de familles pauvres on pourrait nourrir !

Il est vrai que, pour justifier toutes ces dépenses,

il y a une excuse qu'on ne manque pas d'apporter : Cela fait marcher le commerce. Alors tout est dit ; on étale un luxe effréné, on donne aux classes inférieures de détestables exemples, on boit à longs traits à la coupe du sensualisme. Mais c'est pour la plus grande prospérité du commerce, cela fait du bien au commerce. Le commerce, toujours le commerce ; heureux commerce s'il avait l'esprit de comprendre son bonheur! Que cette excuse vient à propos pour la vanité! on dépense bien un peu trop, mais que voulez-vous, les temps sont malheureux, le commerce est peu florissant, il faut bien qu'on fasse quelques sacrifices. Voyez donc, la bonne âme, elle dépense jusqu'à s'endetter, jusqu'à mécontenter son entourage, son mari surtout ; mais c'est pour la plus grande prospérité du commerce. Quelle vertu! quel dévouement! en vérité, ce serait justice d'y faire penser l'Académie française lorsqu'il s'agira du prix Montyon.

Donnez au commerce la sécurité, et il se passera fort bien de votre luxe ; si du reste nous n'avons pour nous faire vivre que le luxe, nous sommes bien malades, car il a perdu bien des nations, et je ne sache pas qu'il en ait jamais sauvé aucune. Après tout, si vous tenez tant à la prospérité du commerce, ce qui est chose excellente, il est possible de satisfaire aux deux exigences : vous renouvelez votre toilette ; prenez-la un peu moins chère, et puis ajoutez une *robe*, un *pantalon*, une *veste*, une *paire de chaussure* pour les pauvres. Vous donnez une fête; qu'elle soit un peu moins somptueuse, et faites acheter une provision de bois, de charbon, de pain pour les pauvres; oui, donnez-leur du pain pour vivre, du pain pour travailler, du pain pour attendre. Vous meublez un appartement; que le meuble soit un peu moins brillant, mais, avec l'argent de reste, achetez des draps pour ceux qui n'en n'ont pas, un mauvais lit pour ceux qui couchent sur les briques; au moins achetez quelques bottes de paille fraîche pour remplacer cette paille infecte et à demi pourrie sur laquelle est obligée de dormir une créature de Dieu; faites travailler; achetez de bons livres, répandez-les à profusion, et ne laissez pas les masses pourrir au sein de l'ignorance et de l'immoralité; et par là vous aurez donné de l'ouvrage aux ouvriers, fait marcher le grand et le petit commerce, et de plus vous aurez fait des actes de véritable bienfaisance. Il faudrait vraiment avoir un peu plus d'humanité, plus de probité de cœur, et n'aller pas placer les jouissances de la vie dans des choses aussi futiles.

Si la pensée vous venait, disait aux femmes du monde un homme de bien, si la pensée vous venait de détacher de vos magnifiques parures quelques-unes des pierres les moins précieuses, vous n'en seriez pas moins belles, vous n'en recevriez pas moins d'hommages dans les brillants salons qui vous attendent.

Quand vous aurez vous-même fait des sacrifices,

alors vous aurez le droit de solliciter la charité des autres en faveur de vos pauvres, c'est encore un autre moyen de faire de l'argent : profitez d'une réunion, d'une fête, dites une bonne parole à celui-ci, ay z un sourire gracieux pour celui-là, mais toujours au nom des malheureux. — Vous rendez un véritable service aux uns et aux autres, car il est peu d'hommes qui ne soient disposés à faire la charité, mais ils ne savent ni par qui, ni comment la faire. Généralisez, généralisez cette charité, elle n'est si lourde que parce qu'il n'y a que peu de personnes encore qui lui apportent leur tribut... - On trouvera bien que vous importunez un peu, mais il y a des gens qui ne donneraient jamais si on ne les impor tunait pas ; Dieu lui-même ne veut-il pas qu'on l'importune ? ce n'est souvent qu'à cette condition que l'on obtient...

Quant au moyen des loteries, je n'en parle pas, il est connu, trop connu peut-être, on s'en est trop servi ; et il est bien à craindre que les loteries, comme bien d'autres choses en ce monde, ne périssent des suites de leurs excès : ainsi, que le moyen ne soit employé qu'avec modération.

Un autre moyen : intéressez-vous aux bonnes œuvres des autres pour qu'on s'intéresse aux vôtres ; ne refusez votre secours à aucune, si vous la croyez bonne. On vous écrit pour une quête, exécutez-vous de bonne grâce ; on compte sur votre aumône, vous ne pouvez la refuser. L'homme qui est à la tête de cette œuvre est convaincu, cela doit être, que son œuvre est au moins la meilleure de toutes, sans compter que la bonne quêteuse serait très-humiliée de n'avoir qu'une bourse légère à placer à côté de bourses largement garnies. Il faut bien que toutes les bonnes œuvres vivent ; il faudra même en créer d'autres : il y a je ne sais quelle jouissance dans cet échange de charités. Donnez-moi ceci pour mes pauvres, et je vous donnerai cela pour les vôtres. Ce sont de ces petits présents, de ces politesses qui entretiennent l'affection entre ceux qui donnent, et multiplient les aumônes pour ceux qui recoivent.

Mais vous n'avez plus d'argent, tous les moyens d'en faire sont épuisés, et le monde que vous voyez vous redoute peut-être un peu à cause de vos billets de loterie : consolez-vous, il vous reste encore infiniment d'éléments de bien ; ne manquez pas d'en profiter et d'en faire profiter les autres.

Permettez-moi d'entrer chez vous, de parcourir tous vos appartements, jusqu'aux recoins et aux endroits les moins fréquentés ; il y a là des trésors pour les pauvres, et vous n'y pensez pas. Que de choses oubliées, que de linge, que de meubles, que d'objets de toutes espèces qui ne servent à rien, qui vous embarrassent même ! Faites donc une revue générale, et vous serez étonné de vous trouver si riche en vieilleries, tout cela se perd, se détériore, et pendant ce temps-là le vieillard grelotte de froid, la mère n'a pas même un chiffon de linge pour envelopper son nouveau-né, le petit enfant ne va ni à l'école, ni au catéchisme faute d'habits et de chaussures, et la femme ne va pas à la messe parce qu'elle se trouve trop mal vêtue. Où est donc notre charité? où est donc notre conscience? Voilà une impardonnable paresse; ne cherchons pas à nous excuser, nous sommes tous un peu coupables sur ce point. Un homme expert dans la charité et qui a dirigé, pendant plusieurs années, la société de St.-Vincent-de-Paul, va nous le dire de manière à ce que nous serons forcés de nous écrier : C'est vrai... Chacun de nous a un mobilier, des hardes et du linge *qu'on peut voir*, et un mobilier, des hardes *qu'on ne voit pas*. Les premiers de ces objets nous servent, je n'en demande pas le sacrifice. Quant aux seconds, *ceux qu'on ne voit pas*, ce sont, par exemple, les vieux meubles qui se perdent dans la poussière des greniers, les habits réformés que les *insectes* dévorent en silence au fond des armoires, les matelas et les couvertures hors d'usage que les *rats* et les *souris* rongent dans les garde-meubles. Me sera-t-il permis de solliciter le sacrifice de tout cela en faveur de nos pauvres? Cette proposition sera accueillie par quelques-uns, mais le plus grand nombre diront qu'ils n'ont ni vieux meubles, ni vieux objets de literie, ni vieux habits.

» J'oserai persister. Je dirai que mes chers Confrères se trompent de bonne foi, mais qu'ils se trompent. Ainsi, je leur demanderai s'ils ont pris la peine de fouiller dans les endroits où les objets de cette espèce sont ordinairement ensevelis. S'ils avouent que non, je leur dirai plus affirmativement que jamais, qu'ils ont, sans qu'ils s'en doutent, d'utiles présents à faire aux pauvres. Je donnerai, **pour preuve** de mon assertion, les plaintes de quiconque fait un déménagement. *On ne se trouve jamais si riche*, dit-on, *que quand on change d'habitation. Alors de quelle masse de vieilleries ne se trouve-t-on pas en possession ! Et que faire de tous ces bahuts ? Les vendre ? mais on n'en donnera rien. Les emporter ? quel embarras ! Les laisser là ? ce serait pourtant dommage.*

» C'est ce qu'on entend dire tous les jours et par tout le monde. Eh bien ! qu'on accorde toutes ces choses au vestiaire de la Conférence, et celle-ci en saura bien tirer parti. Voilà, par exemple, un fauteuil depuis longtemps réformé et dont les services remontent à cinquante ou soixante ans ; l'étoffe qui le couvrait est usée : qu'on se tranquillise, un fond de toile peinte la remplacera, et ce meuble sera la consolation, le repos et le soulagement d'un malade, d'un vieillard ou d'un infirme. Que faire de ces chaises boiteuses ? On rognera les pieds non cassés à la hauteur de celui qui a été brisé, et l'on donnera à cette pauvre mère des sièges pour ses enfants.

» Mais cette tapisserie vermoulue, mais ce tapis usé jusqu'à la corde, à quoi peuvent-ils servir ? à rendre moins froide la brique ou la pierre de ceux qui n'ont pas d'autre lit, ou à leur tenir lieu de couvertures qui leur manquent. Je pourrais pousser plus loin ces exemples et montrer l'utilité de la serge, qui fut jadis des rideaux, des vieilles malles, des anciens coffres, et des moindres planches ; je pourrais expliquer comment les fragments d'étoffes de laine ou de toile seraient de véritables bienfaits pour tant de *malheureuses mères chargées d'enfants* (1). »

Prenez donc tout cela et portez-le aux pauvres, et vous ferez des heureux ; vous ferez verser peut-être plus d'une larme ; et si vous ne voulez pas porter vous-mêmes ces objets, donnez-les aux dames de charité, aux membres de la Société de Saint-Vincent-de-Paul, aux prêtres de votre paroisse, ils trouveront bien où les placer.

Enfin, tout est épuisé, du côté des secours matériels. Eh bien ! il vous reste encore le meilleur élément de charité, votre cœur ; le cœur, voilà le plus puissant moyen de faire le bien : que serait-ce que l'argent si le cœur n'y était ? *C'est le cœur qui fait tout,* comme dit le poète. Ce moyen a été bien négligé ; des chiffres, des raisonnements, des arguties, voilà à quoi nous en sommes réduits, c'est avec cela qu'on veut gouverner le monde : il ne faut pas trop lui en vouloir de ne pas se trouver toujours bien gouverné. Il est grand temps de

____

(1) Circulaire du 21 novembre 1846, adressée à la Société Saint-Vincent-de-Paul, par M. Gossin.

retirer cette vieille arme du cœur de la poussière, où elle dort presque rouillée; elle suffira bien à combattre, à vaincre toutes les misères. Pour faire la charité, il n'est pas absolument nécessaire d'être riche, il suffit d'avoir un peu de cœur. Comment saint Vincent de Paul, ce fils d'un pâtre, est-il venu à bout de couvrir la France des monuments de sa charité? et pourquoi sa mémoire sera-t-elle à jamais vénérable aux siècles à venir? C'était un homme de cœur...

Comment deux ou trois petites ouvrières, perdues au fond d'une ville de province, ont-elles pu, en dix ans, fonder, sous le nom de *Petites Sœurs des pauvres*, douze établissements, où plus de mille vieillards achèvent de vivre au milieu des plus tendres soins? Ce sont des femmes de cœur. Et comment cette Religieuse que tout Paris connaît, cette Sœur de charité que les méchants mêmes vénèrent, a-t-elle conquis tant de puissance pour le bien, a-t-elle pu secourir tant de misères? C'est une femme de cœur; elle aime Dieu et les pauvres, et avec cela on va bien loin. Ayez à la tête d'une œuvre un homme de cœur, et en France vous êtes sûr de réussir; mais malheureusement voilà ce qui nous manque; nous avons des hommes d'esprit, des hommes d'une intelligence élevée, et peu d'hommes de cœur; tout le monde nous dit ce qu'il faudrait faire, et peu, très-peu ont le courage de s'imposer des sacrifices pour le faire. Des hommes d'esprit,

il y en a partout, il en pleut, nous en sommes
encombrés, nous ne savons plus qu'en faire, c'est
une véritable calamité. Plus que jamais, il est vrai
de dire que l'esprit court les rues; hélas! oui, il
court les rues et trop souvent en habit râpé et en
bottes percées, quand il n'est pas contraint de rester couché pour n'avoir pas trop froid ou trop faim.
Mais qu'ils sont rares, ces hommes de dévouement,
d'énergie, qui font bon marché des petites passions, des petites vanités, qui savent dire vraiment quand il s'agit du bien : « Je le veux, je le
» veux... mes forces, ma fortune, mes talents, ma
» vie, tout y passera... Je ne reculerai jamais, que
» le mal le sache bien, toujours il me trouvera sur
» son passage, sous quelque forme qu'il se pré-
» sente ; il pourra, il est vrai, me broyer ; mais me
» vaincre, jamais ! » En revanche, nous avons beaucoup de petits hommes, à petit caractère, à petites
susceptibilités, à petites vanités, à petites idées,
qui du reste ne s'entendent pas trop mal à faire
leurs petites affaires, et voilà tout...

Il est un être plus propre à comprendre les ressources infinies du cœur dans la charité, les éléments de bien qu'il contient ; cet être, c'est la femme,
la femme chrétienne surtout. Oh ! c'est là son empire, son triomphe, c'est là sa part de bonheur.
A l'homme sans doute la force du corps et le gou-
vernement des choses de ce monde ; mais on peut
dire que s'il est le chef, la tête de la société, la

femme en est le cœur. A l'homme la puissance de l'intelligence, le génie de la raison ; mais à la femme le génie du cœur et de la charité... Le génie de l'homme domine, terrasse, foudroie ; le génie de la femme console, transporte, ravit. Oh ! pourquoi se plaindrait-elle ? sa part est si belle ! elle a reçu de la Providence tout ce qu'il faut pour accomplir le sublime ministère de la consolation, une connaissance plus intime des choses de l'âme, une native commisération, une sympathie irrésistible pour tout ce qui souffre, un sentiment plus exquis de la douleur, au point qu'elle éprouve je ne sais quel besoin de la souffrance dans le dévouement. C'est pour elle surtout qu'est vraie cette parole : Souffrir, c'est vivre.

Je ne sais si je me trompe, mais je crois qu'au fond la femme n'aime guère les gens heureux de tout point ; son cœur semble dire : Je n'ai rien à faire ici, je m'en vais ; elle reste quelquefois par vanité ou par nécessité, mais le cœur est parti... Il lui faut quelqu'un à consoler, des larmes à essuyer, de grands sacrifices à faire : alors elle est dans son élément, elle apparaît revêtue de toute sa dignité. En présence des dangers et des sacrifices, l'homme se trouble, il tremble à cause de son excessive prudence ; la femme reste calme, forte ; par le dévouement, elle s'élève au-dessus des sens, se replie sur son âme où elle trouve une puissance presque surhumaine.

L'Évangile a donné au monde un grand exemple

de ce courage. Sur le chemin du Calvaire, quand le Sauveur porte sa croix, l'homme est faible, est lâche, l'homme disparaît; la femme est forte, elle reste, elle brave les clameurs, elle compatit et elle console... Encore aujourd'hui, Jésus-Christ souffre sur la terre, il est malheureux dans ses enfants, malheureux dans ses pauvres, et c'est encore le plus souvent la femme que l'on trouve auprès de lui pour le secourir et le consoler. O femme chrétienne, l'Église vous bénit, l'Église vous remercie.

Voulez-vous donc, quand il s'agit de charité, toucher le cœur de la femme? Pas de longs discours, c'est inutile; racontez-lui simplement une douleur, une misère que vous avez vue : soudain, même chez la femme peu édifiante et bien mondaine, voilà que cet esprit léger, mobile, s'arrête, se fixe, s'intéresse, compatit... et puis la main donne; et si les besoins sont grands, si la chose est urgente, la voilà qui, toute fatiguée de ce que le monde appelle sa brillante existence, oubliant ses deux sempiternels ennemis, l'humidité et les rhumes, elle se met en route, les pieds dans la boue, dans la neige, elle va, vient, monte l'escalier du pauvre, brave la consigne du riche, fait si bien des pieds, de la parole et du cœur qu'elle arrive à son but, et puis rentre chez elle plus heureuse de son petit triomphe que de tous les succès que donne le monde. Chose consolante! la femme se retrouve toujours à la hauteur des événements et des calamités: quand il le faut, elle sait s'oublier elle-même et oublier ce qu'elle a de plus cher au monde. A l'époque du dernier choléra, six cents dames ont quêté tour-à-tour pendant deux mois, aux portes de l'*Exposition de l'industrie*, au profit des pauvres et des enfants que l'épidémie venait de rendre orphelins, et cela par une chaleur intolérable, au moment où à chaque instant on voyait tomber dans la rue des hommes foudroyés par le fléau ; chacune d'elles, en quittant sa maison et ses enfants, pouvait bien dire tout bas : Adieu, peut-être ne vous reverrai-je jamais !

En un mot, le cœur de la femme, quand elle écoute la bonne partie d'elle-même, est toujours le sanctuaire de la charité, du dévouement et de la miséricorde ; et toujours, comme on l'a si bien dit, « elle remplit une mission céleste, elle rapporte avec soi quelque chose de Dieu, des secours pour tous les besoins, des baumes pour toutes les plaies, des paroles qui enchantent toutes les douleurs (1). »

O femmes, plus que jamais le temps est venu de faire usage de tous ces trésors de charité, de persuasion et de douceur que la Providence a mis dans vos âmes ; les hommes sont divisés, leur sagesse est à bout, ils sont perdus dans la confusion des idées et des systèmes, et le monde est menacé d'une complète ruine.

C'est le moment de vous rappeler les paroles de Jésus-Christ aux filles de Jérusalem : «Ne pleurez pas

____

(1) Lamennais.

sur moi, mais pleurez sur vous et sur vos enfants,
car il va venir des jours où il sera dit : « Bienheu-
reuses celles qui ne sont pas mères.» Mais ces jours
mauvais, vous pouvez les écarter; mais ces menaces,
vous pouvez les conjurer par votre dévouement, par
votre charité, par la suavité de votre parole. Sortez
donc, sortez du milieu de ces futilités et de ces
riens; allez porter des secours et des consolations à
tous ceux qui souffrent ou qui s'égarent; versez dans
les âmes aigries ce trop plein, cet excédant d'affection dont vous ne savez trop que faire ; parlez-
leur avec cette prudence, ce dévouement affectueux
qu'une femme ne demande jamais en vain à son
cœur, et vous serez écoutée vous, vous serez bénie.
Ah ! pendant qu'il en est temps encore, désarmez les
cœurs pour n'avoir pas plus tard à désarmer les
bras... et sachez-le bien, c'est par la charité seulement que vous vous élèverez jusqu'à la dignité,
jusqu'à la majesté de la femme ; c'est par elle seule
que vous obtiendrez ces deux choses dont vous ne
pouvez vous passer, votre propre estime et l'estime
des autres; car il faut rendre cette justice au monde,
que, tout méchant qu'il est, il ne donne jamais son
estime à la femme mondaine. Sans doute il lui jette
à profusion des éloges, des flatteries, des fleurs,
des couronnes, mais elle n'aura jamais son estime,
elle n'en aura pas même un grain; il la réserve
toute pour la femme vertueuse et dévouée, qui n'est
après tout que la femme chrétienne.

CHAPITRE VI.

Voilà les éléments de la charité trouvés, maintenant il faut les appliquer. Avant tout, gardez-vous bien d'abandonner à d'autres le bonheur et les joies qu'il y a à soulager la souffrance ; allez vous-même porter vos charités, à moins que de graves et puissants motifs ne vous en empêchent, et encore en devrez-vous être malheureux. Madame de Pastoret, si habile dans l'art de secourir la misère, disait : *J'aime à faire le bien que je fais.* Envoyer son aumône quand on peut la porter soi-même, ce n'est pas de la charité ; « l'aumône ainsi faite de loin, et comme on la tendrait au bout d'un bâton à quelque pestiféré ; l'aumône qui ne prend rien sur le temps, rien sur les pensées, rien sur le cœur ; l'aumône qui, au lieu d'attirer le riche vers le pauvre, s'élève entre eux comme une forteresse, que le riche bâtit pierre après pierre, pour y abriter son bien-être contre le trouble que lui causerait la vue de la misère, cette aumône n'en est pas une (1). »

Faire la charité de chez soi, du coin de son feu, c'est véritablement trop facile et trop peu méritoire... ce n'est pas là traiter les pauvres en amis. On visite ses amis ; mais c'est les traiter en importuns, auxquels on envoie ce qui leur est dû afin qu'ils nous laissent tranquilles ; la visite des pauvres, voilà la pierre de touche de la charité. C'est en nous arrachant à nos aises, en allant nous asseoir au chevet du pauvre, en respirant l'air qu'il respire ; c'est en devenant, pour ainsi dire, membres de sa famille au moins un instant, que nous lui prouvons que nous l'aimons vraiment, que nous le regardons comme un frère...

De plus, il y a là un devoir auquel on ne songe pas assez : nous devons faire pour les pauvres ce que Jésus-Christ a fait pour nous ; or, il nous a fait la charité à domicile, il a bien quitté le ciel, lui, il est bien sorti de son repos, de son bonheur ; il est venu, il nous a visités, il a trempé ses pieds dans la boue de la terre, le monde l'a vu, l'a entendu...Oui, il y a là un devoir auquel on devrait réfléchir sérieusement. Car d'après la parole évangélique, quand le terme de nos jours sera venu ; quand cette heure dernière à laquelle on ose à peine penser, sera arrivée ; quand, seuls avec les actions bonnes ou mauvaises de notre vie, nous irons paraître au tri-

____

(1) Madame de Gasparin

bunal du Juge suprême, c'est sur la charité que sera basée en grande partie notre éternelle sentence, en particulier sur cette visite des malheureux...... Qui êtes-vous? nous dira le Juge, je ne vous connais pas, je ne vous ai jamais vu : *j'ai été pauvre, j'ai été malade, j'ai été en prison, et vous n'êtes pas venu. Je ne vous connais pas, retirez-vous, retirez-vous...* (1) Et où aller? Et ailleurs la parole sacrée nous dit : *La bonne, la vraie religion, devant Dieu notre Père, c'est de visiter l'orphelin et la veuve dans leur misère, et de se garder pur de la contagion du monde* (2).

Vous donnez de l'argent, du pain, c'est bien, merci... voilà pour le corps. Maintenant la charité, s'il vous plaît, pour l'âme. Allez-vous la laisser sans secours ? vous ne le pouvez pas ; vous savez que c'est la partie la plus sensible et la plus dolente de l'homme, que quand l'âme souffre, tout souffre, et que quand l'âme est bien, le corps n'est pas longtemps sans s'en apercevoir. Approchez donc votre cœur de ce cœur affaibli pour le réchauffer et lui donner un peu de force... car ce qui manque surtout au pauvre, c'est la résignation et le courage. Livré à lui-même il se désespère, il *se démoralise* et s'enfonce de plus en plus dans sa misère et son abjection... On se plaint que les pauvres tombent dans la paresse et l'insouciance : hélas ! ce n'est que trop vrai ; mais, pour travailler, il faut autre chose que

(1) Matth., xxv, 42 et 43. — (2) Saint Jacques, 1, 27.

deux bras et de l'ouvrage. Il faut du cœur, il faut un peu d'espérance, et cela leur manque le plus souvent... On le sait, la peine abat l'homme et paralyse ses facultés : au milieu d'un grand chagrin, nous tombons dans une insouciance complète, nous n'avons plus la force de rien faire, si quelque ami ne vient nous tirer de cette triste position. Eh bien ! les pauvres en sont presque toujours là... aujourd'hui surtout... ils le sentent, ils en gémissent, mais seuls ils ne sont pas assez forts pour s'arracher à cette apathie... Vous entrez dans une maison pauvre, tout y est en désordre, les enfants sont sales, leurs habits sont déchirés, et cependant ils ont une mère jeune encore qui se plaint de n'avoir pas d'ouvrage ; vous lui faites observer doucement qu'en attendant le travail, il serait bon de blanchir et de raccommoder ses enfants. Elle vous répond : C'est vrai, vous avez raison, je le devrais bien ; mais, voyez, je n'ai plus de courage... Ah ! si vous saviez comme la misère change les gens ! Je ne me reconnais plus moi-même : autrefois j'étais couturière, j'aimais tant la propreté ! Je ne pouvais supporter un trou ou une tache, et aujourd'hui je vis au milieu de tout ce désordre, et je n'ai pas la force d'en sortir. Tous les jours je me dis : Il faut pourtant que je m'y mette ; que je nettoie ; que je raccommode, je devrais avoir honte !... Et puis je suis là, je regarde, je songe à ma misère, je pleure... et le temps s'en va et je ne fais presque rien... Pauvre femme ! elle a bien plus besoin de secours pour l'âme que pour le corps; allez donc la visiter, portez-lui des consolations. Dites-lui : Courage, je viendrai à votre secours; et vous aurez remis un peu de baume et de force dans cette poitrine; vous aurez rendu une créature humaine à toute sa dignité, et vous aurez rendu de plus une femme à son mari, une mère à ses enfants.

La triste habitude que l'on a de ne pas visiter les malheureux entraîne après elle les plus déplorables conséquences : elle égare l'esprit des pauvres; elle tend à leur faire croire qu'après l'argent il n'y a plus rien, que manger et boire, c'est toute la vie. Et, de plus, elle encourage la paresse, le mensonge, l'immoralité même. On sait que la misère a ses hypocrites comme la religion, comme toutes les saintes choses; eh bien! donner sans connaître, donner sans voir, donner sur une simple demande ou sur une lettre, c'est faire la partie vraiment trop belle à ceux qui veulent nous tromper. Allez donc vous-même... voyez les besoins, voyez les ressources, étudiez tout; examinez l'usage que l'on fait de vos aumônes; soutenez la morale des pauvres, et la misère diminuera. Il est certain que, dans beaucoup de villes, on fait assez de charités pour satisfaire à tous les besoins réels; mais elles sont faites souvent avec si peu d'intelligence, qu'au lieu de fermer la plaie, elles l'agrandissent. Avec cette détestable méthode de rester chez soi, la meilleure part des aumônes est pour les pauvres effrontés ou rusés, et il reste peu de chose pour la pauvreté modeste et vraiment digne d'intérêt...

Si vous n'allez pas chez le pauvre, il viendra quelquefois chez vous; et, généralement, il est dangereux pour lui de voir le luxe, les superbes ameublements des maisons des riches : il ne peut s'expliquer tout cela en présence de sa misère, et s'en retourne plus malheureux.

Mais voici une raison plus sérieuse encore. La visite des pauvres, c'est le plus puissant moyen de réconcilier entre elles les différentes classes de la société.. Pour se réconcilier, pour s'aimer, il faut se voir de près, de bien près, surtout quand il y a eu des préventions. Or, ces classes ne se connaissent pas, ou ne se connaissent que de loin, et nous perdons tous beaucoup à être ainsi connus, lorsque déjà on ne nous aime guère. Nous allons dire toute la vérité : les pauvres, ne voyant les riches que de bas et de loin, sont généralement persuadés, à tort ou à raison (je crois que c'est à tort), sont persuadés que les riches les méprisent ; mais, sachez-le bien, il est une chose que l'homme ne pardonne jamais, jamais, à moins qu'il ne soit fortement chrétien, c'est le mépris ; il vous pardonnera tout, il vous pardonnera le luxe, les mauvais traitements, l'injustice même; mais le mépris, non ; l'homme qui se croit méprisé est un homme implacable. Collot-d'Herbois fait mettre Lyon à feu et à sang, parce

qu'il y a été sifflé lorsqu'il était comédien. Allons
jusqu'au bout : il y a dans les classes inférieures
une envie, une jalousie sourde, une haine concen-
trée contre les classes supérieures. Or, rien de plus
redoutable que cette haine. La haine instantanée
s'emporte, jette son feu... mais bientôt elle s'arrête,
elle revient, elle pardonne même. La haine con-
centrée et nourrie depuis longtemps dans l'âme,
est et reste impitoyable ; elle fait le mal de sang-
froid, elle se plonge avec réflexion dans les délices
de la vengeance, et se repaît même des cris et des
douleurs de sa victime... Riches, faites disparaître
cette haine, et pour cela montrez-vous tels que
vous êtes, pour la plupart... Quand on vous con-
naîtra bien, quand on saura qui vous êtes, quand
on vous aura vus avec votre charité, votre bienveillance, on reviendra sur ses pas, on changera
de manière de voir. Riches et pauvres de la France,
vous ne vous connaissez pas, vous ne savez pas
ce que vous valez les uns et les autres ; allez, vous
n'êtes pas faits pour vous haïr ; mais vous êtes
faits pour vous entendre et vous aimer, quand
vous vous connaîtrez bien. Qu'on envoie un homme
du monde chez les pauvres les plus prévenus ; que
cet homme se montre simplement ce que doit
être tout homme en présence de la misère, c'est-
à-dire honnête et bienfaisant : soudain, voilà ces
bonnes gens qui viennent vous dire avec empressement et bonheur : Oh ! le brave homme

que vous nous avez envoyé là : il parle amicalement avec nous, il n'est pas fier, celui-là, il ne
méprise pas le pauvre peuple; à la bonne heure! Si
tous les riches lui ressemblaient, on ne leur en voudrait pas; au contraire, on se ferait hacher pour des
hommes comme cela. Ce qu'ils disent est sincère...
Allez donc redresser les idées fausses, calmer les
haines, leur porter du bonheur; cela vous est si facile : vous n'avez qu'à paraître, qu'à ouvrir la main,
pour ainsi dire, pour verser sur eux cette chose si
rare, si recherchée, qu'on appelle le bonheur. Ah !
comment peut-on rester chez soi? Comment ne pas
s'arracher à cette misérable paresse? Car, au fond,
il n'y a qu'un peu de paresse mêlée d'un peu d'é-
goïsme qui nous arrête; et j'aime beaucoup les
objections qu'on oppose à l'accomplissement de ce
devoir; elles sont si innocentes, si innocentes,
qu'elles prouvent qu'il est impossible à la mauvaise volonté elle-même d'en inventer de spé-
cieuses...

La première et la plus forte est celle-ci : Je n'ai
pas le temps, mes devoirs, ma position, ne me le
permettent pas. De grâce, laissons une bonne fois
cette excuse, elle est si banale, si usée; mais n'est-
ce pas derrière elle que viennent s'abriter toutes
les paresses et toutes les mauvaises volontés du
monde? on ne s'en sert que quand on ne sait plus
rien dire de raisonnable, uniquement pour ne pas
rester court.

Ici elle est encore plus futile que jamais. Donnons seulement aux visites des pauvres le quart de notre temps perdu, et ils seront fort bien partagés, et Dieu et la charité seront contents ; car jamais il ne s'est tant perdu de temps ! C'est un véritable gaspillage ! du temps, on en perd... en conversations, en rêves, en lectures au moins inutiles, en vanités, en futilités... On en perd dans toutes ces visites où l'on va souvent ennuyer les autres, qui, du reste, nous le rendent bien ; on en perd en donnant ses heures à tous ces oisifs, à tous ces grands inutiles que le désœuvrement tourmente ; on en perd dans ces réunions, où l'on va parler de politique à tort et à travers, où chacun a la prétention de sauver la France, qui n'en est pas du tout plus sauvée... Toutes nos raisons ressemblent beaucoup à celles que le P. Le Jeune, avec son langage naïf, met dans la bouche des hommes de son temps, afin de se défendre de visiter les pauvres : « Je n'ai pas le loisir, je suis occupé à faire des commentaires sur Plaute, à écrire sur l'histoire de France, à lire l'histoire de Turquie. »

Du reste, fût-il vrai que réellement le temps manque, alors je dirais : Malheur au peuple qui n'a pas le temps de faire le bien ; malheur au peuple qui n'a pas le temps d'aller porter du bon sens à ceux qui s'égarent, des consolations à ceux qui souffrent ! Est-ce qu'il peut y avoir quelque chose de plus important à faire, de plus utile au salut de la France? Quelqu'un disait, il n'y a pas longtemps, qu'un pain de quatre livres porté à propos faisait plus de bien que le discours politique le plus éloquent. C'est quelquefois vrai, et j'ai la tentation (car cela doit être une mauvaise pensée), j'ai la tentation de croire, je ne sais pourquoi, que tel homme que l'on voit sans cesse visiter les pauvres, tirer de son petit coupé force vieux habits, vieilles chaussures, bons de pain, etc., sans parler des paroles de bienveillance qu'il tire de son cœur, fait réellement plus pour le salut de la France que celui qui déploie toutes les ressources de la parole... A coup sûr, j'aime bien la belle éloquence ; mais, plus que jamais, nous sommes réduits à gémir sur la stérilité, sur l'inanité de la parole humaine...

Ces visites à domicile, plus que quoi que ce soit, sont propres à maintenir l'ordre à Paris, dont la tranquillité est devenue une nécessité pour le bien de la France, de l'Europe peut-être. Et voici un tableau de la misère et de la charité de Paris, tracé il y a longtemps, qui est encore aujourd'hui plus vrai que jamais.

« Les aumônes qui se font à Paris sont abondantes; que Dieu, auteur de tout bien, en soit loué ! Ces âmes charitables font plus pour l'ordre et la tranquillité publique que toutes les lois sévères et réprimantes de la police. Sans ces bienfaiteurs, le frein politique serait brisé à chaque instant par la rage et le désespoir. Si la masse des calamités particulières est diminuée, nous le devons à une foule d'âmes célestes qui se cachent pour faire le bien. Le vice, la folie et l'orgueil se montrent en triomphe; la tendre commisération, la générosité, la vertu, se dérobent à l'œil du vulgaire, pour servir l'humanité en silence, sans faste et sans ostentation, satisfaites du regard de Dieu.

» Sans l'active charité qui multiplie les remèdes, qui va porter les secours dans les greniers, qui surprend le malheureux sur son grabat, qui le console, le fortifie et lui apprend qu'il n'est pas oublié dans son infortune solitaire, on trouverait chaque jour des hommes expirés de froid et de faim, le sommet des maisons regorgerait de cadavres, les crimes seraient cent fois plus communs... La plus grande partie du repos de la ville est due à des cœurs sensibles qui, tandis que les ordonnances punissent les délits, s'occupent à les prévenir, et servent l'État en soulageant la douleur et en apaisant les plaintes et le murmure.» (MERCIER, *Tableau de Paris*.)

Pour diriger une classe d'êtres, il faut la bien connaître, savoir ses vues, ses préjugés, sa manière de saisir les choses. Or, il est un fait auquel on ne pense pas assez, c'est qu'il s'est opéré, depuis douze ou quinze ans, une révolution complète chez les classes souffrantes. Autrefois le courant des choses humaines les entrainait, elles acceptaient avec assez de résignation la misère que le hasard de la naissance ou d'un accident leur avait donnée; leurs idées sur ce point étaient les idées des classes supérieures; mais aujourd'hui tout est changé, elles ont des idées à elles, elles envisagent les choses sous un autre point de vue, et très-souvent leur conscience est formée au rebours de la nôtre, et cependant, pour les gouverner, on veut encore se servir de la vieille routine parce qu'elle est beaucoup plus facile et plus commode. Le temps est passé d'administrer les classes inférieures en masse; de haut et de loin, le mal va les chercher à la maison, les prend en détail par individualités; si le bien ne fait de même, il passera par-dessus les têtes et ne remédiera à rien... Le mal leur fait des visites à domicile, est-ce trop exiger de la charité qu'elle en fasse au moins autant? Mon Dieu! quand donc les gens de bien auront-ils le zèle des méchants? Chose étrange! tout le monde le dit: depuis quelques années un grand mal s'est révélé, de grands dangers ont surgi tout-à-coup dans la société; et cependant on ne veut faire que très-peu de choses et vivre absolument comme si tout était calme, comme si ce grand mal dont on parle n'existait pas. « On reste chez soi, les bras croisés; pendant l'hiver, les pieds étendus sur les chenets de la cheminée; pendant l'été, dans une oisive indolence; ici, ce sont les soins de la moisson, plus loin, ceux de la vendange; là, ce sont les plaisirs de la chasse, du cheval. Pour rien dans le monde, sauf une partie de plaisir, on ne manquerait à ses heures de repas, ou à sa partie du soir; il faut que rien ne dérange, ne trouble la savante harmonie de son bien-être. Si un voisin est malade, on ne refuse pas les secours, mais on les fait porter, et bien moins par indifférence que par paresse, on s'inquiète à peine si ces secours arrivent (1). »

Oui, trop souvent chacun se renferme dans son égoïsme, et de là on regarde comment va le monde, et on trouve qu'il va fort mal. Je le crois bien, on le laisse conduire aux mauvaises passions, tandis qu'on devrait se jeter à la traverse, au risque d'y être maltraité; mais on a bien autre chose à faire, on a sa précieuse personnalité à gouverner et à caresser, et pendant que les autres souffrent, pour se défendre de les soulager efficacement, on met toujours *son moi* en avant. *Moi* je n'aime pas à voir la misère; *moi* je ne veux pas me mêler de tout cela, il m'en reviendrait des désagréments; je serais vraiment bon, n'ai-je pas le moyen de vivre tranquille chez *moi* ?.. *Moi* j'ai peur du mauvais air... *moi* j'ai mes occupations; *moi* j'ai mes pauvres que j'assiste... ou que je n'assiste pas, mais on n'en sait rien; *moi*, je ne veux pas me créer des charges, j'aime à garder ma liberté, *moi*. *Moi*, toujours *moi*; il semble en vérité que nous ne soyons sur la terre que pour

____

(1) M. Baudon, *Appel à la Charité.*

y soigner et à l'occasion y faire admirer notre petite personne.

Il y a, parmi nous, des gens dont l'égoïsme et l'indolence font vraiment peur ; ils rappellent involontairement le moribond qui dit à ceux qui essaient encore de le sauver : Laissez-moi, laissez-moi ; pour le peu d'instants que j'ai à vivre, au moins donnez-moi un peu de repos ; pourquoi troubler mes derniers moments ?

Mais tous n'en sont pas là ; grâce à Dieu, il y a des hommes qui ont compris la nécessité de visiter les pauvres pour faire vraiment la charité, et aux premiers rangs se trouve toujours la Société de Saint-Vincent-de-Paul. La visite des pauvres est son œuvre capitale, c'est pour cela surtout qu'elle a été instituée, et elle s'est montrée fidèle à sa vocation ; l'année dernière cinq mille familles ont été visitées à Paris, et près de trois cent mille visites ont été faites. Il est beau de voir ces hommes souvent environnés de toutes les auréoles de la terre, de l'auréole du talent, de la jeunesse, de la fortune, d'un beau nom, s'arracher à leur repos, à leurs études, à leurs occupations, pour aller s'asseoir sur la mauvaise chaise du pauvre, causer affectueusement avec lui et lui serrer la main comme on la serre à un ami. C'est ici qu'il est permis de s'écrier : Qu'ils sont beaux les pieds de celui qui vient apporter des secours et des consolations à ceux qui souffrent ! Voilà ce que nous voyons dans presque toutes les villes de France.

Il y a sur ce point des choses admirables à dire, des actes sublimes à raconter, d'autant plus sublimes que ceux qui les font ne semblent pas même s'en douter : que le monde ne les connaît-il ! il prendrait envie à quelqu'un de les imiter ! Qu'il me soit permis d'en citer un seul.

C'était un pauvre ouvrier malade, sur le point de mourir, et il n'avait pas encore fait sa première communion, et son mariage n'avait pas été bénit par l'Église, quoiqu'il fût déjà père de plusieurs enfants. Il n'était pas ennemi de la religion, mais il l'ignorait complétement, et cependant le médecin avait dit qu'il ne lui restait que peu d'heures à vivre ; il fallait donc pendant ce peu de temps le préparer à la première communion et à la mort. Un jeune membre de la Société de Saint-Vincent-de-Paul, qui porte un beau nom et qui possède tout ce que le monde envie, se présente et demande comme une grâce à instruire ce pauvre moribond. Le malade était couché sur un léger matelas étendu sur le pavé, déjà sa poitrine exhalait l'odeur de la mort, la maison en était infectée ; mais le jeune chrétien, n'ayant souci de tout cela, se met à genou, prend dans sa main la main défaillante de celui qui était devenu son ami, se penche à son oreille et lui glisse doucement les vérités et les consolations de la religion. De temps en temps il s'arrête pour ne pas trop le fatiguer, lui présente lui-même sa tisane, remet ses pauvres couvertures ; on eût dit une mère devant le lit de son enfant qui va mourir. Puis il recommence ses instructions, et pour parler moins haut, il s'enveloppe dans son manteau, se couche auprès du malade en quelque sorte, pour arriver plus facilement à son oreille, et il le prépare ainsi pendant deux heures aux sacrements que cet ouvrier reçut avec beaucoup de piété. Il ne voulut quitter son cher malade que lorsqu'il eut passé à une meilleure vie, et ce ne fut pas sans déposer sur sa joue glacée l'affectueux baiser d'un frère... Aussi les personnes du voisinage venues pour assister aux derniers moments de ce pauvre ouvrier, pleuraient d'attendrissement et s'écriaient : *Ah ! le bon monsieur !* Et un homme à la figure sinistre, à la toilette débraillée, laissa échapper cette parole : *Pourtant on a beau dire, il y a de bons riches.*

A côté de la Société de Saint-Vincent-de-Paul se trouve, pour visiter les pauvres, *l'Association des Dames de charité.* Dans chaque paroisse de Paris à peu près, et dans beaucoup d'autres, il y a une association charitable composée de dames du monde ; elle est présidée par M. le Curé de la paroisse, on se réunit à jour fixe pour s'entendre sur le bien à faire et sur les aumônes à distribuer ; ces dames se partagent les rues, les cours, les recoins les moins fréquentés... Rien ne leur échappe ; chacune a son domaine qu'elle explore... qu'elle parcourt en tous les sens, qu'elle visite sans cesse, secondée par une Sœur de la Charité, afin d'en chasser la misère. Pour cela, on oublie le monde, ses plaisirs, son propre repos ; mais aussi, que de bénédictions on recueille, que de bien on fait! Ah! si le Jugement suprême doit nous révéler bien des crimes cachés, il nous révélera bien des vertus ignorées.

Il est une association qui vient de se former, sous la haute direction de Mgr l'Archevêque, et qui est très-propre à faire accomplir le devoir dont nous parlons, c'est l'*Association des Familles*. Voici en quoi elle consiste : Dix familles s'entendent pour patronner une famille pauvre, et on arrive là de la manière la plus simple : vous allez visiter un pauvre ménage ; vous y trouvez la misère du corps et la misère de l'âme ; vous en parlez à une personne que vous savez toujours prête à faire du bien, et puis tous les deux vous allez enrôler, pour porter secours à cette famille, le riche habitant du premier étage, le boulanger d'en face, l'épicier du coin, le boucher du quartier, etc., jusqu'à dix ; ensuite on se voit, on s'entend, on s'intéresse à ces pauvres gens ; l'un donne du pain, l'autre du bois, un troisième des vêtements ; celui-ci cherche du travail au père, celui-là s'occupe d'envoyer les enfants à la classe, au catéchisme, ou de les placer en apprentissage. On s'y prend si bien que le courage et le bien-être reviennent dans cette pauvre maison, et que souvent, après avoir été protégée, cette famille en protége d'autres à son tour. Voilà de la charité ! voilà comment riches et pauvres peuvent arriver sans trop de douleurs au erme de la vie (1) !

Tous nous devons donc réclamer, dans la visite des malheureux, notre part de mérite et de bonheur. On veut des émotions, on cherche quelque chose qui remue l'âme, on ne parle que d'émotions aujourd'hui; eh bien! voilà une source des plus puissantes et des plus douces émotions; il y a là du roman, du drame, de tout ce qui saisit et impressionne. Au récit d'une misère factice vous avez senti votre cœur ému, vous avez pleuré; allez à la réalité, vous serez bouleversé jusque dans les entrailles; c'est là que vous vous retrouverez vousmême dans toute votre dignité; c'est là que vous retrouverez votre âme éparpillée à travers les choses de la terre. Oh! qu'on a tort de craindre de se trop faire souffrir, en voyant de près la misère du pauvre! Il faut apprendre à regarder la douleur, à tarir les larmes, ou, du moins, à mêler les siennes à celles qu'on ne peut tarir : voilà la vie, la vie véritable. Ne me parlez pas d'un homme qui n'a jamais vu de près la souffrance, qui n'a jamais été s'asseoir dans une chambre, au milieu d'une famille désolée, qui n'a jamais versé au moins une larme du cœur ; ce n'est pas là un homme.

(1) A l'École polytechnique il y a un bureau de bienfaisance dont les membres vont visiter les pauvres et leur porter des secours qui s'élèvent chaque année à 5 ou 6 mille fr. Il en est de même à l'École normale supérieure où il y a de plus une loterie pour les pauvres.

Sans doute, au premier abord, cette visite des pauvres, ce spectacle de la douleur, ont quelque chose de difficile, de pénible ; mais bientôt on y trouve je ne sais quel attrait, on se passionne pour ces œuvres, parce qu'elles nous donnent ces joies mystérieuses, ravissantes, qui sont la véritable vie de l'âme ; car, vivre comme vit le monde, est-ce que cela peut s'appeler vivre ? Déjeuner, dîner, lire son journal, s'habiller, faire des visites, en recevoir, et voiturer sa chère personne de la ville à la campagne et de la campagne à la ville, est-ce donc là toute la vie ? est-ce uniquement pour cela que nous avons été créés et mis au monde ? S'il en était ainsi, ah ! la vie serait bien commune et bien vulgaire, et ne vaudrait pas même la peine qu'on se baissât pour la ramasser. Au contraire, après une visite faite aux pauvres, après une douleur soulagée, on revient chez soi l'âme libre et satisfaite, on sent mieux le bonheur de sa position, on s'enfonce dans son bien-être présent, on le goûte, on le savoure, on bénit la Providence de nous l'avoir donné, de nous avoir mis en état de faire des heureux.

Un jeune homme vous désole et vous fait trembler par l'inutilité et l'insignifiance désespérante de sa vie, laissez-le aller voir de près la misère, et il reviendra tout autre ; il aura recueilli force et lumière, il sera le premier à rougir de la futilité, de la puérilité de son existence.

Un autre jeune homme a un cœur, mais un cœur

qui vous désespère ; qui, malgré tous vos efforts, menace de vous échapper ; vous n'avez pas deux choses à faire : plongez-moi ce cœur tout vivant, tout palpitant dans la misère, qu'il la sente, qu'il la respire, qu'il s'en nourrisse, et il est sauvé ; alors il a un but à ses aspirations, alors il peut dire, lui aussi, à son âme : Va, va.

La misère vue de près une seule fois peut remplir une âme de bonheur, et changer toute la direction de sa vie. Deux hommes qui, autrefois, avaient vécu dans une grande intimité au sein de la vie d'un excellent collége, se rencontrent, après une longue séparation, dans une rue de Paris ; l'un d'eux portait l'habit du prêtre, et l'autre l'aborde étonné en lui disant : « Comment, c'est toi, tu es prêtre? — Oui, répond le premier ; je suis prêtre, religieux même? Et toi, que fais-tu maintenant?—Moi, je mène largement la vie du monde ; j'ai complétement oublié nos idées de pension ; et, pour ne te rien cacher, maintenant encore je vais là où je ne devrais peut-être pas aller. — Tu n'iras pas, reprit le prêtre, tu viendras avec moi.

— Et où vas-tu ?

— Je vais porter des secours à une famille pauvre ; viens, et tu verras un échantillon de la misère de Paris.

— Oh ! non, je ne veux pas y aller, je n'aime pas à voir les malheureux, cela me fait mal. »

Mais le prêtre l'entraîna presque malgré lui. Arrivé dans la maison, voilà cet homme qui est touché de la plus profonde compassion en présence de tant de misères, à la vue surtout d'une jeune enfant de quatorze ou quinze ans malade et étendue sur un monceau de haillons ; il n'en fait pas à deux fois, il prend sa bourse, c'était y aller un peu vite, et la vide tout entière dans la main des parents et des enfants. A la vue de la joie et de la reconnaissance de ces pauvres gens, il sent des larmes rouler autour de ses yeux et, en s'en retournant, il dit à son compagnon : Que je te remercie de m'avoir donné tant de bonheur : chose étrange ! je ne me suis senti de ma vie aussi heureux, j'en pleurerais bien. Et en parlant ainsi il essuyait des larmes, et à partir de ce jour il est retourné vers la foi de sa mère et vers le Dieu de son enfance.

Mais c'est surtout la femme qui est propre à goûter ces joies, à s'y plonger, parce qu'elle est faite pour porter les plus douces consolations. Au commencement, et quand on l'engage à visiter les pauvres, elle vous répond bien par quelques-unes de ces raisons insignifiantes que l'on jette à tout hasard : J'ai mes occupations, je suis trop sensible, je n'aime pas à voir ces gens-là, ils sont grossiers, ils me font peur. Mais si elle a le cœur tant soit peu bien placé, elle cède et ne demande pas mieux que de se mettre en route ; dès le premier jour elle est habile dans l'art de soulager, son tact de la charité lui a tout dit, elle s'établit chez les pauvres presque comme chez elle,

elle gagne, emporte d'assaut la confiance, et dans quelques jours découvre des secrets que d'autres n'auraient pu découvrir qu'après plusieurs mois : il n'y a plus alors qu'une chose à craindre, c'est qu'elle n'aille trop vite et qu'elle ne mette pas assez d'ordre dans ses bienfaits ; son cœur l'emporte, il est si heureux ! Après cela vous la verrez rentrer chez elle mouillée, épuisée, sous un grossier parapluie d'emprunt ; car prendre un fiacre, ce serait trop cher ; il y a encore dans quelque taudis des gens qui attendent vingt sous pour dîner, et cette privation pour elle est encore un bonheur....

Dieu soit béni ! qui a confondu les égoïstes et qui est venu au secours de ceux qui souffrent ; il n'a pas permis que l'homme pût trouver un bonheur direct sur la terre, il a voulu que ce bonheur passât par une autre âme pour s'y purifier en quelque sorte, avant d'être doux et sympathique à la nôtre. Aussi je ne sais pas d'être plus misérable que celui qui s'occupe uniquement de rechercher sa propre félicité ; il fait pour lui-même ce que fait la mère qui gâte son enfant et qui, à force de soins et de prévenances, le fatigue et l'obsède ; c'est pour cela que le monde souffre tant aujourd'hui, il ne s'occupe que de lui-même, et alors le dégoût le prend et l'ennui le dévore ; il dit : Moi d'abord, moi plus que qui que ce soit ; il devrait dire : Les autres et puis moi, alors il serait heureux.

Si donc, pour revenir à notre sujet, vous n'avez

pas de pauvres, si vous n'en connaissez pas, vous irez demander au moins une famille à ceux qui en connaissent, pour la visiter; vous ne pouvez plus vous en passer; votre conscience, votre cœur, votre bien-être et celui de ceux que vous aimez ne vous le permettront pas. Cette famille fera en quelque sorte partie de la vôtre; vous vous attacherez à elle, vous souffrirez de ses douleurs, vous jouirez de ses joies, et vous la soulagerez pour demander à Dieu sa protection pour vos enfants. Hélas ! ils en ont tant de besoin peut-être ! vous avez été obligé de vous séparer de votre fils, c'était nécessaire pour son avenir, et vous tremblez pour lui ; votre fille va bientôt faire une des plus grandes démarches de sa vie, elle va prononcer ce oui éternel, qui enchaîne quelquefois au bonheur, quelquefois au malheur, et dans votre famille il y a bien quelque membre qui n'est pas aussi vertueux que votre cœur le souhaite : la bénédiction du pauvre pourvoira à tout. Vous-même, allez réchauffer de temps en temps votre âme aux haillons de la misère ; vous vous plaignez souvent d'être distrait dans la prière, de vous ennuyer à l'église, de n'aimer pas assez la religion, allez chercher chez le pauvre la véritable piété, et quand vous quitterez la terre, la reconnaissance vous composera cette oraison funèbre qui certes devant Dieu vaut mieux que les plus belles oraisons de Bossuet : *C'est un bien grand malheur, il était si bon pour les pauvres !*

CHAPITRE VII.

MANIÈRE DE FAIRE LES VISITES.

Vous prenez donc, c'est convenu, votre argent, vos vieux vêtements et votre cœur, votre cœur surtout, ne l'oubliez pas, et vous vous mettez joyeusement en route vers la maison du pauvre ; le chemin qui y conduit est sale et étroit ; mais prenez courage, c'est le chemin du ciel, et avançons, car le pauvre a faim, et la faim n'attend pas. Arrivé à la demeure des malheureux, ne restez pas à la porte ou sur le palier, comme un huissier qui apporte une cédule de *parlant à sa personne*. Entrez et saluez avec respect, ce sont des hommes ; la politesse est toujours une fort belle chose, même avec les pauvres ; c'est en les respectant qu'on leur apprend à se respecter eux-mêmes, ils sont très-sensibles à ces marques d'honnêteté : quand on est petit, on a toujours peur d'être méprisé. Ne leur faisons pas trop sentir la distance qu'il y a entre eux et nous, et n'ayons pas l'air de leur dire que nous faisons un très-grand sacrifice en venant les visiter ; ces choses-là se comprennent mieux quand on ne les dit pas.

Entrez donc et asseyez-vous, si le mobilier le permet ; acceptez cette chaise que l'on vous présente, elle est propre, voyez comme la femme l'essuie avec son tablier ou à son défaut avec sa main, en même temps qu'elle rajuste ses cheveux et son bonnet pour vous faire honneur. « Il y a deux sortes de visites : la visite de corridor et de palier, et la visite assise ; pour bien faire la visite aux pauvres, il faut s'asseoir chez eux. Quelqu'un d'un esprit très-élevé, voulant louer un homme d'une vertu éminente et très-charitable, disait de lui, qu'il s'asseyait chez les pauvres. Ce mot est très-profond. S'asseoir chez le pauvre, c'est s'asseoir à sa famille et vouloir s'instruire à fond de tout ce qui la concerne ; c'est donner un temps notable à cet acte de charité. Les bons de pain et de viande distribués, c'est l'aumône de la main ; la visite prolongée, la visite assise c'est l'aumône du cœur : c'est celle à laquelle les pauvres sont particulièrement sensibles. C'est en s'asseyant auprès des pauvres, en ne retirant pas notre main lorsque la leur s'approche de la nôtre, en ne dédaignant pas de donner une caresse à un enfant malgré sa crasse, ses cheveux en désordre et ses haillons, qu'on obtient des pauvres les sacrifices de respect humain, les plus importants pour le salut et les plus méritoires devant Dieu. — Un de nos confrères monte l'escalier du pauvre, tous ses sens sont péniblement affectés. Les murailles sont sales et dégoûtantes. Il a si peur de salir ses mains, qu'il ne sait où les poser pour assurer ses pas sur un escalier obscur, étroit et presque perpendiculaire. Il arrive enfin à grand'peine et entr'ouvre la porte de la pauvre famille qu'il veut secourir. Mais il sort de cette porte un air vicié. Son cœur se soulève, il recule au lieu d'entrer. Il se tient dans le corridor, tire les bons de pain dont il est porteur, les jette plutôt qu'il ne les donne, et se retire rapidement. Le pauvre est secouru, mais il n'a pas été consolé. C'est ce que j'appelle la visite de corridor et de palier. — Un autre de nos confrères, moins novice, surmonte les répugnances de la nature. Il entre hardiment dans cette mansarde, respire sans contraction de visage l'air tel quel qui s'y trouve, salue amicalement l'humble habitant de ce triste séjour, prend place auprès du poêle, converse avec la famille, l'encourage souvent, la gronde parfois, mais toujours avec affection, s'inquiète de cette vitre cassée qu'un papier remplace mal, et veut même savoir ce que ce pot, qui a tant de peine à bouillir, prépare pour le dîner (1).

Souvent chez les pauvres, l'air est lourd à cause de l'habitude qu'ils ont de tenir leur fenêtre fermée pour n'avoir pas trop froid. Prenez-le tel qu'il est, ne faites pas trop la grimace, on trouverait que vous faites bien le délicat pour très-peu de chose. La première fois, après avoir causé avec eux, vous vous

(1) Société de Saint-Vincent-de-Paul, *Conseils sur les visites.*

approchez de la fenêtre et vous leur dites : Au moins avez-vous une belle vue ? Vous l'ouvrez, et l'air se renouvelle. Plus tard, quand vous les connaîtrez bien, vous leur direz simplement : Ouvrez la fenêtre.

Habituellement l'accueil sera cordial et plein de gratitude ; quelquefois pourtant il est un peu froid. Les pauvres sont embarrassés, honteux, humiliés; rompez la glace, gagnez leur confiance, informez-vous, avec l'accent de l'intérêt, de toute la famille, du nombre des enfants, de leur âge, de leur état, de leurs ressources; dites une bonne parole à l'un, jetez un regard de bonté à l'autre, ayez un sourire aimable pour le petit enfant qui est là dans le coin, et ne manquez pas de l'embrasser cordialement, quoique ses joues ne soient pas toujours irréprochables sous le rapport de la propreté ; apportez-lui même quelques bonbons. Pauvres petits, c'est peut-être par la privation de ces friandises et des caresses qu'ils sentent plus maintenant le malheur de la misère ! Vous aurez bientôt gagné l'affection des parents ; la mère en sera vivement touchée, car le pauvre cœur maternel est le même partout, et ce n'est pas dommage. Après cela il vous faut écouter l'histoire de leur misère ; prenez patience, elle va être un peu longue, ces pauvres gens n'ont pas appris l'art de dire beaucoup de choses en peu de mots. Je crois aussi qu'ils la prolongent un peu à dessein; ils font à votre égard comme certains avocats à l'égard des jurés, ils pensent que plus le discours est long, plus le cœur doit être touché; écoutez-la jusqu'au bout, c'est un sacrifice à faire; une autre fois quand on y reviendra, vous pourrez dire : Je sais.

Souvent la maison est en désordre, c'est une confusion complète, tout y est pêle-mêle : des chaussures et des légumes; du pain et des haillons; le parquet est recouvert d'une couche visqueuse; ce qui est censé le lit n'a plus de forme; les enfants sont sales et déchirés. Prenez garde à votre zèle de novice, il a bien envie de vous emporter trop loin. Patience, patience, la première fois voyez tout, mais ne dites rien, la chose est délicate, il s'agit ici de la vérité, et rappelons-nous que rien n'est difficile sur cette terre comme de nous dire nos vérités à tous, aux pauvres et aux riches, aux petits et aux grands, à vous et à moi, bon lecteur ou bonne lectrice. Rappelons-nous que plus on est faible dans le bien, plus on réclame d'indulgence, et que plus on a besoin de conseils, moins on veut paraître en recevoir; on se trompe souvent sur ce point, on dit : Ce sont de petites gens, avec eux il ne faut pas se gêner. Erreur, c'est le moment d'agir avec prudence et bonté; et puis, si vous êtes homme surtout, rappelez-vous que les femmes sont susceptibles sur l'article ; c'est leur domaine et leur talent. La femme sera tentée de penser que vous êtes venu acheter par votre aumône le méchant plaisir de faire la critique de son ménage ; elle est déjà bien assez mortifiée, peut-être, que vous l'ayez surprise au milieu de ce désordre ; elle en souffre et se promet bien qu'une autre fois le même péché ne lui arrivera plus : voilà déjà un premier fruit de votre visite.

Plus tard, si l'amendement n'est pas sensible, quand vous aurez bien gagné la confiance, vous lui direz gaîment : Si vous rangiez un peu votre maison, ce serait peut-être mieux ; qu'en pensez-vous ? Je vais vous aider. Vous mettez la main à l'œuvre, les pauvres sont confondus, bouleversés de cette charité ; voilà que vous les placez sur le chemin de la propreté, de l'ordre, de l'économie ; seuls, ils ne seraient jamais venus à bout d'arriver là. Faites-leur bien comprendre que plus leur maison sera propre, plus vos aumônes seront abondantes, et gardons-nous de dire, en parlant de certains pauvres : Je ne les crois pas malheureux, leur ménage est propre. Rien n'est beau, rien ne touche le cœur des pauvres comme de voir les personnes riches leur rendre les plus humbles services. Écoutons un de leurs meilleurs amis :

« Voici venir un autre de nos confrères : celui-ci est plus jeune et de meilleure mine, et l'hiver sévit encore ; car c'est l'hiver surtout que fleurit la fleur de charité. Comme tant d'autres, la pauvre veuve qu'il visite est sans feu, et il fait un froid cruel ; mais ce n'est pas le bois précisément qui manque à celle-ci, c'est la force. La pauvre infirme n'a plus que le souffle. — « Avez-vous une scie, ma bonne ? — Une scie, monsieur, et pourquoi faire ? — Donnez toujours. » Elle donne, et notre fashionable, comme le cardinal de Cheverus de douce mémoire, appuie la scie sur sa poitrine, débite du fagot à la pauvre vieille ébahie, et la laisse à son tour auprès d'un bon feu, bénissant le brave enfant que Dieu vient d'envoyer à son secours.

» Le bonheur de cette jeunesse, je le dis tout bas, c'est de s'abaisser ainsi dans l'exercice de la charité, et d'imiter, en rendant aux pauvres d'humbles services, le divin Maître, qui, la veille de sa passion, à genoux, les reins servilement entourés d'un linge, voulut de ses mains vénérables laver les pieds de ses Apôtres. Ils savent que s'abaisser de la sorte, c'est véritablement s'élever, et ils cherchent dans ces saintes bassesses les traces du Sauveur, qui s'est humilié pour nous jusqu'à prendre la forme d'esclave : solide science de la vraie gloire (1). »

Après cela vous donnez votre aumône ; que ce soit avec délicatesse et bonté, regrettez de ne pas pouvoir donner davantage ; chez les pauvres honteux, déposez-la sur la cheminée pour ne pas trop les humilier. En général, à moins que vous ne connaissiez parfaitement votre monde, ne donnez jamais d'argent ; c'est dangereux, c'est une tentation ; la

____

(1) Discours de M. Faivre, président de la Société de Saint-Vincent-de-Paul, de Metz.

vue de l'argent leur fait tourner la tête : mais donnez des bons de pain, de viande, de bois, etc., des vêtements, et encore veillez à ce que tout cela ne soit pas vendu à vil prix pour une autre destination. Il serait à désirer que dans chaque ville il y eût, comme à Paris et ailleurs, des fourneaux économiques ; là on trouve des bons de soupe, de viande, de pain, de haricots à des prix très-minimes ; les riches les achètent et les redonnent aux pauvres qui, munis de ces bons, vont chercher au fourneau leur dîner, celui de leurs femmes, de leurs enfants, et de plus, souvent trouvent là des hommes riches et charitables qui leur font une instruction morale et religieuse. La dépense ne serait pas excessive, puisqu'à Paris, après les frais de premier établissement, les fourneaux se soutiennent eux-mêmes ; mais laissons parler monsieur le rapporteur, il nous fera parfaitement connaître l'œuvre.

« Depuis les dîners de Véfour, jusqu'à ceux des restaurants à un franc, il y a, Messieurs, bien des degrés dans le confortable de la vie parisienne ; mais, en dehors de cette série, il est un degré que beaucoup ne connaissent pas et qui mérite d'être signalé, je veux parler des dîners à 10 centimes. Oui, Messieurs, les convives font un excellent repas, toujours à la condition qu'ils apporteront un grand appétit ; on choisit les mets : potage exquis, bouillon consommé, bœuf au naturel, légumes variés et assaisonnés, service prompt, voilà la carte ! 10 ou

15 centimes ! jamais plus ! Vous souriez, Messieurs : n'est-ce pas que la charité seule était capable de faire un tel prodige ? Eh bien ! ce prodige est réel, tous les jours le miracle de la multiplication des pains est renouvelé, et quand avec 5 francs, quand avec le prix d'un de ces déjeuners comme on s'en permet quelquefois, même à l'école, vous achetez 50 cartes de fourneau économique, vous pouvez procurer un bon repas à 50 malheureuses créatures qui peut-être auraient jeûné, et qui vont reprendre des forces pour un jour ; vous soutenez en même temps les restaurants de la charité ; enfin, avec la nourriture du corps que vous distribuez, vous soulagez aussi l'âme de vos protégés, car auprès du fourneau il y a une bibliothèque, il y a des membres de nos Conférences qui épient l'occasion de donner aux convives de bons conseils, de les encourager, de leur être utiles ; il y a enfin, dans le réfectoire, ces murs qui prêchent, ces touchantes inscriptions : « Notre Père qui êtes aux cieux..... » donnez-nous notre pain de chaque jour. — Venez » à moi, vous tous qui travaillez, et qui êtes char- » gés, et je vous soulagerai. — L'esprit a besoin de » nourriture aussi bien que le corps. — L'homme » ne vit pas seulement de pain... » Et d'autres maximes qui sont autant d'enseignements consolants pour ces pauvres conviés de la souffrance et de la faim (1). »

(1) Rapport, 1850.

La Société Philanthropique, composée d'hommes du monde, fait également distribuer des soupes, du riz, des haricots, etc., sur des bons qu'elle donne ou qu'elle vend. A Saint-Nicolas-des-Champs, il y a une œuvre semblable connue sous le nom de *Marmite des pauvres*. Il serait bien à souhaiter que ces institutions fussent répandues, on soulagerait bien plus efficacement la misère qu'en donnant à la porte, ou dans la rue, des sous qui servent souvent à démoraliser les pauvres.

Voilà pour la visite du corps.

Passons maintenant à la visite de l'âme ; car elle n'a pas moins besoin d'être visitée, elle est si malheureuse et si déprimée par les nécessités de la vie !

Avec cette confiance que vous avez gagnée, vous saurez bientôt où en est la famille par rapport à la morale et à la religion ; si on va quelquefois à l'église ; si les enfants fréquentent les classes, les catéchismes ; si le mariage est bénit, etc. Mais n'ayez pas l'air de vous occuper de tout cela. Laissez-les venir ; qu'ils ne sachent pas que vous tenez à la religion, ils pourraient affecter certains dehors de piété, espérant par là obtenir de plus abondantes aumônes. A Paris on est franc, on ne dissimule pas même son impiété ; mais il n'en est pas toujours de même ailleurs. En parlant avec vos pauvres, donnez-leur la plus grande latitude ; laissez passer infiniment de choses erronées , d'excuses, de préjugés, de raisons fausses, plus tard vous y re-

viendrez ; souvent ils ont des griefs contre tout le
monde, contre la société, contre les riches, contre
Dieu ; alors ils disent des paroles grossières, des
blasphèmes. Ne vous fâchez pas ; surtout n'allez
pas vous écrier : Ce sont des gens affreux, il n'y a
rien à faire avec eux ; je ne reviendrai pas. Voilà
une des grandes faiblesses des gens de bien en
France aujourd'hui ; on leur jette à la face quelques
colères, quelques impiétés ou quelques blasphèmes
qu'on ne comprend pas trop, et eux de dire : Vous
le voyez, avec ces êtres-là tout est inutile ; vouloir
les ramener au bien, c'est perdre son temps. Patience, patience! n'avez-vous donc jamais entendu
blasphémer? Et saint Paul n'a-t-il pas été un blas-
phémateur? Et combien d'excellents chrétiens aujourd'hui ont déchiré autrefois de leurs moqueries
et de leurs sarcasmes les gens charitables qui vou-
laient leur faire du bien ! L'homme qui blasphème
est souvent plus près de Dieu qu'on ne le pense ;
et puis, si nous étions à la place du pauvre, si nous
avions vécu de sa vie, respiré son air empesté, serions-nous bien plus justes et bien meilleurs que
lui? Restez donc calme en présence de tout ce qu'il
vous dira ; écoutez toutes ses plaintes, et, au fond
de votre âme, répétez la parole de Jésus-Christ :
Mon Père, pardonnez-lui, il ne sait ce qu'il fait. Il y
a des âmes qui ont besoin de se décharger, de re-
jeter tout ce qu'elles contiennent de haine, de fiel,
de venin : une fois soulagées de ce fardeau, elles

s'aperçoivent qu'elles ont été trop loin, qu'elles ont eu tort, qu'elles vous ont fait de la peine. Alors elles cherchent à réparer leur faute ; prévenez-les, et, après, les choses n'en iront que mieux : on s'aime toujours davantage quand on s'est un peu querellé.

C'est ici surtout qu'il faut mettre de côté toute autre voie que la douceur et la persuasion ; n'essayez plus même de vous servir d'autres moyens pour ramener un homme, pour le relever de son abjection, ce serait temps perdu ; tâchez d'abord de les rapprocher un peu de l'Église. Les pauvres sont si ignorants, que c'est une véritable honte : il y a des mères qui ne savent plus prier ! N'en paraissez pas trop étonné, parce que vous ne pourriez plus remédier au mal. Quant à la confession, c'est la chose la plus délicate ; n'en parlez pas avant de bien connaître le sujet ; et, encore, commencez par lui dire : Je veux que vous fassiez cela en toute liberté, de grand cœur ; je ne vous y force nullement, je ne retrancherai rien de ce que je vous donne ; toutefois, vous me ferez plaisir, et vous remplirez un devoir ; mais cette démarche, pour être agréable à Dieu, doit être le fruit de la bonne volonté.

Non, ne retranchez jamais rien, parce qu'on ne remplit pas un devoir religieux, à moins qu'il n'y ait une vie scandaleuse : autrement, ce serait placer entre la foi et ces âmes une infranchissable barrière; au contraire, redoublez de bonté, de charité; qui sait si la Providence n'a pas attaché la conversion de cette âme à la persévérance de vos efforts? La charité, la charité, c'est le meilleur moyen de convertir les cœurs!... Elle fait croire, elle fait espérer, elle fait aimer; il en est qui résistent à tout, et qu'un simple acte de charité renverse; c'est la démonstration la plus incisive de la divinité de l'Évangile.

Dans un hôpital se trouvaient plusieurs dragons assez mauvais chrétiens; l'un d'eux était gravement malade, et on l'avait déjà placé dans la chambre des malades désespérés. Deux prêtres avaient fait tous leurs efforts pour le déterminer à se réconcilier avec Dieu; ils avaient usé de tous les moyens dont on use quand on voit un homme qui va entrer dans son éternité, et ils avaient été malheureux dans leurs efforts, on s'en était moqué. L'un d'eux retourne le lendemain, et il trouve à côté de ce malade un vase dont l'odeur infectait toute la chambre : Que vous êtes mal, mon pauvre ami! lui dit le prêtre; indiquez-moi où je pourrais porter ce vase, et je vais vous en débarrasser. Le militaire, touché, lui répond en balbutiant... et le prêtre s'empresse de lui rendre ce service... Alors le soldat fait venir ses camarades près de son lit, et leur dit avec une franchise militaire et pleine de tous ses préjugés : *Mes amis, vous direz tout ce que vous voudrez, je vais me confesser : voilà un curé qui n'est pas comme les autres ; celui-là pratique sa religion. Vous ne savez pas ce qu'il a fait pour moi? Ce que ferait à peine un domestique!...* Et tous d'applaudir. Il se confessa ; et ses camarades, entraînés par l'exemple et par cet acte de charité, en firent autant.

Quand vous aurez un pauvre difficile, méchant, n'ayez pas du tout l'air de croire à sa malice... Supposez-le tel que vous le voudriez ; montrez-lui de la confiance ; parlez-lui amicalement de ses colères, et puis essayez de lui faire faire quelque bonne action, quelque acte de charité ; il deviendra beaucoup plus traitable... quelquefois même il vous donnera de ces consolations qui font surabonder l'âme de joie.

Mais, je dois vous en prévenir, vous aurez bien aussi vos petits revers ; ne vous flattez pas trop, les choses n'iront pas toujours tout droit. Vous donnez vos soins à une famille ; vous croyez l'avoir faite bonne, admirable ; c'est un *idéal* de famille pauvre, et vous découvrirez, un beau jour, que vous avez été trompé ; qu'elle est, au contraire, des plus vulgaires dans l'espèce ; que votre linge, votre mobilier, tout cela est parti pour le Mont-de-Piété ou pour la boutique du marchand de bric-à-brac. N'allez pas cependant vous décourager ; c'est le cas de dire : Voilà une mauvaise affaire, il faut tâcher de s'en dédommager. Ne les abandonnez pas ; faites sentir la faute, grondez, aimez, aimez surtout, dites : Malheureux! je viendrai à bout de vous corriger; je vous aimerai, je vous aimerai tant, que vous ne pourrez me résister...

Ne les perdez jamais de vue, les pauvres sont des enfants toute leur vie; enfants par la paresse et l'imprévoyance. Il faut souvent les traiter comme des enfants... Profitez de l'ascendant que vous avez sur eux; excitez-les au travail; apprenez à économiser; à mettre, par exemple, quelque chose à la caisse des loyers; appelez à votre secours d'autres sociétés, comme la *Société des amis des pauvres*, trop peu connue, qui leur procure des outils et les matières premières... Ayez soin de faire aller les enfants au catéchisme, à l'école; veillez à ce que la jeune personne soit sage... Travaillez vous-même, établissez des ouvroirs pour y faire travailler... Intéressez vos amis, parlez-leur de vos pauvres, mais ne dites pas les mauvais tours qu'on vous a joués, cela refroidit la charité... et, quand vous ne saurez plus rien faire, priez pour eux; parlez pour eux à leur Père qui est dans les cieux, et rappelez-vous que c'est lui seul qui est le grand bienfaiteur de l'humanité; qu'avec son secours rien n'est impossible... Un jour, il restait cinq sous à sainte Thérèse en présence de beaucoup de charges, et vous savez ce qu'elle dit : « Cinq sous et Thérèse, ce n'est rien ; cinq sous, Thérèse et Dieu, c'est tout. » Après tous ces efforts, vous aurez certainement gagné le cœur de vos pauvres; votre visite sera un jour de bonheur... on l'attendra avec impatience. Le jour où l'on croira que vous allez venir, car vos visites ne doivent être ni à jour ni à heure fixe, quand on entendra quelqu'un dans l'escalier, on dira : C'est lui, c'est lui ; et, si vous ne venez pas, le soir, on dira : C'est pour demain ; vous ne manquerez pas d'y aller ; et alors, comme il est dit *dans les conseils déjà cités*, « le visité est content ; il a senti que quelqu'un l'aimait. En écoutant son visiteur, le pauvre a compris que Dieu l'aimait aussi, lui, misérable et manquant de tout, puisque Dieu lui avait envoyé un si doux protecteur et un si bon ami... Mais, **pour** bien faire ces visites, il faut que Jésus-Christ lui-même en ait enseigné le secret dans le sacrement de son amour. C'est ici le chef-d'œuvre de la charité catholique : apprenez à l'école de Jésus-Christ à être doux et humble de cœur, et, ni le courage, ni les bonnes paroles, ni le bon accent pour les dire ne vous manqueront jamais. »

Pourquoi ces visites ne sont-elles pas toujours comprises ? ce serait là, la fusion des classes. Alors l'homme de la cabane sourirait à l'homme du château ; alors le pauvre sentirait qu'entre lui et le riche il n'y a pas un abîme, mais seulement une différence passagère dans la demeure et l'habit, et que bientôt tous les deux, s'ils sont fidèles à leurs devoirs, ils seront confondus dans la même félicité...

CHAPITRE VIII.

LES VIEILLARDS, LES MALADES, LES PETITES SŒURS DES PAUVRES.

La pauvreté seule est déja bien difficile à porter, mais la pauvreté et la maladie ou la vieillesse, voilà ce qui est profondément triste et ce qui doit faire redoubler la charité de courage et d'industrie; c'est là surtout qu'il faut faire ce que nous avons dit, et davantage et mieux encore, parce que c'est le comble du mal.

Un homme, un père de famille, a travaillé cinquante ans de sa vie comme un mercenaire, il a élevé ses enfants, il a vécu de privations et lutté sans cesse contre la misère; mais ses membres sont usés, ses forces sont épuisées, son corps s'incline vers la terre et refuse le travail, et le voilà tombé à la charge de ses enfants auxquels leur propre travail suffit à peine pour vivre; de plus, on le sait, la piété filiale n'est pas la vertu de notre siècle; surtout quand elle exige des sacrifices d'argent, il est bien à craindre qu'on ne la regarde comme un embarras, comme un fardeau. Aussi la plupart du temps le vieillard est relégué dans un coin où il achève de vivre ou de mourir ; il vit dans un isolement complet, sans cesse en présence de lui-même, il comprend ce que sa position a de pénible, il sent qu'il est à charge, et l'ennui le dévore. Quelles tristes confidences ! quelles explosions de douleurs s'échappent parfois de la poitrine de ces malheureux vieillards : Hélas ! que fais-je encore sur la terre ? je ne suis plus rien, on ne me considère plus depuis que je n'apporte plus un salaire à la maison, on regrette même le pain que je mange ; pourquoi donc ne suis-pas mort ? je serais plus heureux. Pauvre vieillard ! voilà donc le fruit de tant de travaux et de tant de souffrances ; voilà donc sa part de bonheur à lui, souffrir et mourir ! voilà donc où sont venues aboutir ses espérances, car qui n'espère encore un peu sur cette terre ?

C'est donc faire un grand acte de charité que d'aller de temps en temps visiter les vieillards, leur porter des secours et les distraire un instant de leur triste position. On le sait, ils aiment beaucoup à causer, à causer du temps passé surtout ; c'est leur faire déjà beaucoup de plaisir que de les écouter, et puis ils sont bien un peu curieux, ils ne sont pas fâchés de savoir aussi ce qui se passe. Eh ! mon Dieu, c'est une curiosité bien innocente à côté de ce qu'ils endurent. On ne sait pas tout le plaisir et tout le bien qu'on peut leur faire ; il est très-facile de déposer dans l'âme du vieillard une espérance chrétienne, il a été si maltraité dans cette vie

qu'il ne demande pas mieux que d'espérer un peu
plus de bonheur dans une autre existence. Nous-
mêmes nous gagnerons à ce contact, nous appren-
drons quelque chose en présence de ce vieux temple
de Dieu qui tombe en ruine. Le vieillard est sur le
seuil de l'éternité, et déja en lui brille un reflet de
l'autre vie. Oui, si on savait tout le bonheur qu'on
peut leur apporter, on s'arracherait bien plus souvent à sa triste paresse.

Un jour, un vieillard venait de recevoir la visite
d'une dame charitable, quand un prêtre arrive
chez lui et le trouve, contre son ordinaire, tout
joyeux, tout épanoui ; et bientôt le prêtre sut la
cause de ce bonheur. Oh ! Monsieur, que je suis content, lui dit-il, je viens de recevoir une visite qui
m'a fait tant de plaisir ! Vous savez bien, Madame une
telle, qui est ceci, qui est cela ; et alors il fit une pom-
peuse énumération de tous les titres, de toutes les
qualités de sa bonne visiteuse ; eh bien ! cette dame
est venue me voir, elle s'est assise sur cette chaise,
nous avons causé comme deux amis ; elle reviendra,
elle me l'a promis : voyez-vous, rien que d'y penser, rien que de regarder la chaise sur laquelle elle
s'est assise, cela me rend content ; elle m'a donné
une aumône, mais ce n'est pas l'aumône qui m'a
fait le plus de plaisir, c'est qu'une aussi grande dame
ait bien voulu venir causer un instant avec un pauvre homme comme moi.

Vous le voyez, voilà ce que vous pouvez faire, voilà

le bonheur que vous pouvez donner, et ce bonheur vous coûtera si peu! faites donc des heureux de temps en temps, ce sera votre part de bonheur à vous; allez, vous ne serez pas les plus mal partagés.

Voici une autre sorte de misère non moins intéressante. Un membre d'une famille pauvre ou d'une famille qui vivait de son travail et de privations tombe tout-à-coup malade; alors dans cette maison il se fait une misère, mais une misère désolante ; tout manque : pain, linge, bois, médicaments et courage surtout; le mal et le désespoir les gagnent, les accablent et les abrutissent. Si jamais une visite a fait du bien, c'est dans cette extrémité; nous savons tous ce que vaut la maladie, ce qu'elle a de pénible, même au milieu de l'aisance et de la fortune; les jours sont si longs et les nuits! Que de fois nous avons demandé : Quelle heure est-il? le jour ne viendra-t-il pas bientôt ? Mais au pauvre qu'apportera le jour? aucun soulagement; il n'en verra que mieux sa détresse, et voilà tout. Il me semble que notre charité n'est pas assez vigilante, notre cœur pas assez compatissant pour la maladie ajoutée à la misère. Dans la santé le pauvre se résigne encore, mais dans la maladie il se décourage, il s'exaspère. Un homme voit sa femme ou sa fille malade, il faudrait des médicaments, un traitement, des ménagements, mais il n'a pas le moyen de se les procurer; et faute d'argent, faute de cet argent que tant de monde dépense inutilement, ces êtres chéris sont condamnés à languir sous ses yeux ; lui-même, à force de privations et de souffrances, il se sent défaillir ; il cherche encore à travailler, mais la force lui manque, il lui faudrait un peu de bonne nourriture pour se soutenir ; à son tour il tombe ; on avait compté sur ses journées, et cette dernière ressource les trahit. Quelle détresse ! c'est à donner de mauvaises pensées, c'est à faire maudire la vie, la société, tout. L'excès de la misère est comme l'excès du vin, il enivre, mais il enivre de désespoir et de rage, il fait perdre le bon sens et la résignation. Il n'est pas permis de laisser ainsi des hommes, des chrétiens se débattre seuls contre le double malheur de la pauvreté et de la maladie ; allez donc auprès de ce malade, arrivez comme un ange libérateur, remettez un peu de courage dans toutes ces âmes, subvenez aux besoins les plus pressants, intéressez les personnes charitables, faites venir assidûment le médecin, le manque d'assiduité de sa part leur est si pénible ! il leur fait dire : Si j'étais riche, on viendrait me voir ; mais non, je suis pauvre, je n'ai pas d'argent, et pour cela on me laisse mourir ! Que de bien il y aurait à faire dans cette circonstance ! comme il serait facile d'en profiter pour réconcilier les classes pauvres avec les classes riches !

Et puis ces malades peuvent mourir, il faudra bien qu'ils en viennent là tôt ou tard, et comment mourront-ils ? songeront-ils à faire venir un prêtre, à demander au moins les consolations de la religion? Pauvres gens! à travers tant de souffrances n'auraient-ils donc fait sur la terre que l'essai des éternelles douleurs? et leur famille, comment pourra-t-elle se consoler en présence de ce corps inanimé, et à la pensée de cette âme partie pour l'éternité sans avoir reçu le sacrement du pardon! Vous les ferez penser à tout cela, et vous aurez la consolation de les voir mourir en vous bénissant.

A la campagne, ces visites sont encore plus nécessaires ; là il n'y a aucun secours, pas de sœurs, pas d'hôpital, pas de bureau de bienfaisance souvent, à moins que ce ne soit sur le papier ; les malades sont relégués dans les maisons, dans les fermes ; le médecin est éloigné, les médicaments sont chers, l'intelligence manque ; de là, une foule de maladies suivies de la mort, qui eussent pu facilement être arrêtées dès leur début. Pour remédier à ce mal, tout homme un peu riche devrait faire établir chez lui, comme beaucoup de nobles familles en ont donné l'exemple, une petite pharmacie ; cette pharmacie serait composée de médicaments fort simples, inoffensifs, que l'on peut donner sans danger, et qui, s'ils ne font jamais de mal, font quelquefois du bien. On devrait avoir de plus, un peu de linge, quelques draps, quelques couvertures, quelques vieux matelas pour les prêter, afin que le malade ne soit pas obligé de coucher avec des individus bien portants, et que lui-même ait des objets de rechange. Cette dépense ne s'élèverait pas au-delà de

100 ou 120 francs une fois donnés. Voilà de quoi soulager une paroisse pendant de longues années et faire bénir son nom (1). Le mal que l'on empêche est immense, puisque beaucoup d'hommes ne sont devenus pauvres que par la maladie ; et de plus, vous détournerez par là les habitants de la campagne, de la tendance malheureuse qu'ils ont à se précipiter sur les villes où ils vont pourrir dans la misère et dans la corruption. Vous allez aux champs y respirer le bon air ; eh bien ! en échange, portez un peu de soulagement dans la maison du pauvre, sans cependant oublier la maison de Dieu, qui est parfois bien misérable si, surtout, on la compare à la vôtre.

La religion a parfaitement compris cette grande misère de la vieillesse et de la maladie ; dans tous les siècles, des associations, des institutions ont été fondées pour venir à leur secours ; elles sont généralement connues, je n'en citerai que quelques-unes dont le but est plus en rapport avec nos besoins. Je veux parler d'abord de l'œuvre des *Pauvres malades*. Cette œuvre a été fondée en 1840 pour visiter à domicile les pauvres malades ; elle est composée de dames du monde ; les unes sont spécialement chargées de la visite des malades, les autres s'occupent de recueillir des souscriptions ; les premières s'associent

(1) La Revue de la *Santé universelle*, feuille dirigée par M. le docteur Massé, contient infiniment de conseils propres à diminuer le nombre des malades chez les classes pauvres.

aux sœurs de Saint-Vincent-de-Paul, et vont sous leur direction porter des secours en argent, bouillon, bois, sucre, et surtout essaient de profiter de la maladie pour les améliorer, pour apprendre le catéchisme à ceux qui l'ignorent ou qui l'ont oublié, et quelquefois donner à une seule famille le baptème, la première communion et le mariage. Les dames auxquelles leur position et leurs occupations ne permettent pas de visiter les malades, recueillent les souscriptions et les aumônes ; elles s'engagent à apporter annuellement une somme de cinquante francs. Cette œuvre, qui est répandue dans presque toutes les paroisses de Paris, est sous la direction de M. le Supérieur général des Lazaristes, et elle a pour présidente madame Le Vavasseur.

Il est encore une autre œuvre, plus spécialement destinée à venir au secours des vieillards, c'est la *Société des Écoles;* elle est composée en grande partie de jeunes gens des écoles et des colléges qui ont eu la bonne pensée d'arracher les vieillards aux privations et à l'isolement dans lequel ils vivent ordinairement ; des professeurs, des avocats distingués, des représentants du peuple, se sont fait inscrire sur ces listes. Chaque vieillard est visité une fois par semaine ; on lui apporte des secours, on fait des démarches pour améliorer sa position. Chaque membre de la société s'impose une cotisation de 12 francs par an.

Mais l'œuvre la plus aimable en ce genre, c'est

l'œuvre des *Petites Sœurs des pauvres;* c'est vraiment un trait du génie de la charité en ce siècle, et ce sera, je l'espère, une de ses gloires.

Petites Sœurs des pauvres! j'aime beaucoup ce nom, il a un air de fraîcheur chrétienne qui signifie humilité, innocence et bonté.

Le but de cette institution est de recueillir des vieillards pauvres, et de les entourer de tous les soins que peut inspirer une charité évangélique et filiale. Une fois entrés dans la maison, ils sont à l'abri de tout besoin ; ces saintes filles les nourrissent, les consolent, les aiment, leur donnent tout, jusqu'à leur propre vie, car elles meurent avant l'âge; elles n'ont rien, il est vrai, mais elles vont quêter de maison en maison, et au besoin elles se privent pour nourrir leurs protégés.

L'histoire de cette fondation est admirable, elle est simple et édifiante comme l'histoire des plus belles œuvres de Dieu.

Il y a 12 ans environ, un jeune prêtre, M. Le Pailleur, vicaire de Saint-Servan près Saint-Malo, frappé du grand nombre de vieillards des deux sexes qui se trouvaient sans ressources. et dans un délaissement déplorable pour le corps et pour l'âme, se sentit porté à venir à leur secours ; il fit part de son projet à deux jeunes ouvrières, l'une âgée de seize ans, l'autre âgée de dix-huit ans. (Cette dernière est aujourd'hui supérieure générale de la Congrégation.) Comme elle aimaient Dieu et les pauvres de toute leur âme, elles s'empressèrent d'entrer dans ses vues. Un petit réglement fut rédigé, et, vers l'année 1840, les deux jeunes personnes s'en vont chercher une pauvre vieille femme aveugle, et âgée de soixante-dix-huit ans et la portent dans la mansarde de Jeanne Jugan, ancienne domestique qui filait la laine pour subsister. Celle-ci accepta d'autant plus volontiers le dépôt qu'on venait de lui confier, que la pauvre fille se faisait scrupule de dépenser toute seule un capital de six cents francs qu'elle possédait ; depuis elle a rendu d'immenses services à l'œuvre ; c'est elle qui s'est dévouée à l'office si pénible de *sœur quêteuse*.

Bientôt on recueillit une autre vieille femme, puis deux, puis trois, jusqu'à douze ; la mansarde était devenue trop petite, on loua un ancien cabaret qui n'était ni planchéié ni carrelé. Les quêtes nourrissaient la communauté, mais le linge manquait; on pria la sainte Vierge d'y pourvoir, et dans leur foi naïve les *petites sœurs* dressèrent un modeste autel à Marie ; devant cet autel elles étendirent les cinq ou six mauvaises chemises qui composaient toute la lingerie des pauvres, elles n'avaient pas encore de draps. Marie fut bonne, l'autel fut visité par beaucoup de personnes ; plus d'une larme coula à la vue d'une si grande misère, et la maison reçut quatre douzaines de chemises et une demi-douzaine de draps, et la petite association bénit Dieu et les âmes charitables.

Cependant elle prenait chaque jour de nouveaux développements ; il fallait acheter une maison, elle coûta 22,000 francs. Comment fut-elle payée? Par toutes sortes de moyens admirables. M. Le Pailleur donna cinq ou six cents francs d'économies qu'il avait, il vendit de plus sa montre, son calice et ses burettes d'argent; Jeanne Jugan sacrifia ses 600 francs; les parents des deux premières sœurs leur donnèrent 900 francs ; une autre sœur qui était venue se joindre à elles apporta 400 francs, et le reste fut à la charge de la Providence, et la Providence fit si bien qu'un an après la maison était payée.

Encore une fois le local fut bientôt trop petit, il fallait construire; mais la communauté n'avait pour tous fonds en caisse qu'une pièce de dix sous ; on la plaça sous les pieds de la sainte Vierge, et on se mit à l'œuvre. Ce fut alors que l'on vit un spectacle digne des plus beaux temps de foi, et qui ne manque jamais de se renouveler, toutes les fois que l'on parle au cœur de la France comme il faut lui parler. Les petites sœurs se mirent elles-mêmes à creuser les fondations, les manœuvres du pays vinrent leur aider, les maçons et les charpentiers donnèrent des journées, les fermiers du voisinage donnèrent des charrois, et les riches donnèrent de l'argent. M. Le Pailleur reçut un legs de 7,600 fr. et l'Académie française, sur le rapport de M. Dupin, donna le prix Montyon, 3,000 francs, à Jeanne Jugan, et la maison fut bâtie. Voici les belles

paroles par lesquelles M. Dupin termine ce rapport :
« Mais il reste un problème qui se présente sans
» doute à l'esprit de chacun de vous, comment est-il
» possible que Jeanne puisse suffire aux dépenses
» de tant de pauvres! Que vous dirai-je ? la Provi-
» dence est grande! Jeanne est infatigable, Jeanne
» est éloquente, Jeanne a les prières, Jeanne a les
» larmes, Jeanne a le travail, Jeanne a son panier
» qu'elle emporte sans cesse à son bras, et qu'elle
» rapporte toujours plein. Sainte fille, l'Académie
» dépose dans ce panier une somme dont elle peut
» disposer, elle vous décerne un prix de 3,000 fr. »

Depuis ce temps l'œuvre a fait du chemin, elle a
marché avec une inconcevable rapidité ! Des maisons
se sont formées dans plusieurs grandes villes de
France, à Rennes, à Nantes, à Tours, à Bordeaux, à
Rouen, à Lyon (1), à Londres même ; il y a deux
maisons à Paris, et M. Deguerry, curé de la Madeleine, dont le zèle et la charité égalent le talent, en a
demandé une troisième pour sa paroisse ; mais la di-
sette de sujets a obligé de différer de quelque temps
cette fondation. L'œuvre est appelée à un vaste déve-
loppement, tout le monde aime les petites sœurs des
pauvres, tout le monde en veut, tout le monde en
demande ; elles sont si faciles à établir ; elles sont
si peu exigeantes ! A la bonne heure, voilà le véritable esprit de pauvreté, voilà des enfants de la
Providence !

(1) A Nancy, Marseille et Lille.

Vous avez une maison, elle est belle ou vieille, meublée ou non meublée, c'est une espèce de masure, n'importe, le petit troupeau vient s'y établir, s'en va à la recherche des vieillards, et malheureusement on en a bientôt trouvé! Les bonnes âmes du voisinage entendent parler de ce qui se fait, elles ne veulent pas y rester étrangères, et le mobilier vient pièce à pièce. Quant à la nourriture, on va la chercher un peu partout, on va demander des restes par les maisons, restes de légumes, de viande, de pain; on va même jusque dans les cafés, où on accueille fort bien les *petites sœurs* et où on leur donne du marc non repassé. On réchauffe, on raccommode tout cela comme on peut, et puis c'est la nourriture de tout le monde, des vieillards d'abord et des *petites sœurs* ensuite, s'il en reste.

Dans cette récolte de la charité, la part fournie par les gens du peuple n'est pas la moindre. Une des petites sœurs étant allée au marché de Nantes, demanda quelques légumes aux marchandes; l'une lui répondit: Oui, ma sœur, car c'est trop beau; l'autre: Oui, ma sœur, car, quand je serai vieille, j'aurai besoin de votre maison; et d'autres semblables réponses. Trois poches furent remplies; la sœur voulait en prendre une sur ses épaules, mais ces braves femmes la lui arrachèrent, en lui disant: Non, vous ne la porterez pas, et elles se cotisèrent pour faire porter le tout à la maison, en ajoutant : Revenez, ma sœur, et priez pour nous....

Nous avons dit que les *petites sœurs* mangent absolument comme leurs vieillards, mais elles commencent par donner à dîner à leurs protégés, et puis elles
dînent elles-mêmes, s'il y a de quoi dîner ; un jour,
entre autres, elles étaient encore dans la maison de
Saint-Servan, lorsqu'il fut question de prendre le
repas ; il n'y avait plus, pour toute nourriture, qu'un
quart de pain à la maison. Jamais elles ne se trouvèrent si heureuses qu'en présence de leur dénûment. C'est plaisir de voir la gaîté franche avec laquelle elles supportent toutes les privations ; elles
sont les premières à plaisanter joyeusement de leur
pauvreté. N'allez pas les croire tristes. Oh ! non, bien
des grandes dames du monde en sont à envier leur
bonheur. Chacune voulait se priver, mais Dieu mit
fin à ce débat de charité ; on sonna, c'était quelqu'un
qui apportait des restes abondants de viande et de
pain du presbytère. A Paris, elles ne peuvent plus,
je crois, se trouver dans la même extrémité, elles
ont toujours un meuble largement garni de provi-
sions, c'est *le tiroir des croûtes*. Avez-vous vu le tiroir
des croûtes, en visitant la maison des *petites sœurs ?*
c'est une véritable curiosité : il y a là une collection
complète de croûtes, croûtes maigres et croûtes
grasses, croûtes de pain blanc et croûtes de pain
bis, croûtes sèches, etc. ; c'est dans le genre de
la plus belle collection de l'univers ; les plus dures sont réservées aux *petites sœurs*, qui s'en font
de fins déjeuners pour elles seules, vu que l'état de

la bouche de leurs vieillards ne leur permet plus de faire usage de ces délicatesses. Voilà la nourriture de ces saintes filles, et pourtant il y en a parmi elles qui ont été riches dans le monde et bien élevées; voyez donc la charité, voyez le dévouement! on disait qu'il n'y en avait plus en France.

Mais tout cela n'est rien, rien encore, en comparaison du bien qui a été fait à l'âme de ces vieillards; les *petites sœurs* ont résolu un problème insoluble jusqu'ici. On sait combien il est difficile de faire vivre ensemble des hommes différents de caractère et d'éducation, surtout lorsqu'ils sont arrivés à un âge avancé; le vieillard a ses habitudes, ses idées, ses caprices mêmes, auxquels il tient comme à la vie, parce qu'il croit tout cela une partie de lui-même. Eh bien! elles sont venues à bout de fondre toutes ces divergences, d'établir la plus parfaite harmonie entre tous ces vieillards qui ne s'étaient jamais vus, et cela par la douceur et l'indulgence: pas une parole dure, jamais de violences, elles se font aimer, et c'est tout. Pour mieux gagner leurs vieillards, elles entrent même dans leurs petits caprices, leurs fantaisies : une pauvre femme devait entrer à la maison des *petites Sœurs*, mais elle mettait une condition absolue sans laquelle elle était décidée à renoncer au bénéfice de son admission; c'était qu'on prendrait avec elle *sa poule et son mineau.* Comme on est très-serviable, on s'empressa d'accepter les conditions, et tout fut introduit dans la maison, la poule, le moineau et la femme. Elles se font donc tout à tous, elles sont patientes, elles attendent et finissent par établir, parmi ces vieillards, un esprit de paix et de famille; il y a même chez eux politesse et charité, ils s'aiment, ils cherchent à s'obliger et à se faire plaisir.

Aussi, nous aimons à nous rappeler que, vers les premiers jours de l'établissement de la rue du Regard, nous eûmes le bonheur de dire la messe et de faire une instruction à ces bons vieillards; la chapelle n'était pas encore meublée : ornements, calice, ciboire, tout était d'emprunt, tout avait été fourni par une obligeante maîtresse de pension du voisinage; les bancs, du moins pour la plupart, étaient des tronçons de bois, destinés à chauffer la communauté pendant l'hiver, encore il n'y en avait pas pour tous. Eh bien! au moment du sermon, ils firent assaut de politesse, c'était à qui ne serait pas assis ; à chaque instant on voulait céder la place à son voisin et se tenir debout; c'était vraiment édifiant, excepté que ça troublait bien un peu le prédicateur.

Ces vieillards se croient chez eux, et on est toujours bien quand on est chez soi; ils disent, notre maison, notre linge, *nos sœurs;* quand ils le peuvent, ils travaillent, ils fendent le bois, ils aident à la buanderie : les plus agiles accompagnent les *petites sœurs* à la quête. Ainsi s'écoule leur vie jusqu'à ce que la mort vienne leur fermer les yeux; et leur mort est si édifiante, ils y ont été si bien préparés ! il faut les voir à cette heure suprème qui fait trembler les gens du monde, le calme et l'espérance sont sur leurs figures. Heureux vieillards, ah! partez de la terre, elle a été si dure pour vous! une meilleure vie vous attend, vous en avez déjà goûté quelque chose.

Vous donc qui aimez l'humanité, qui aimez les vieillards de votre pays, et qui désirez ménager une heureuse vieillesse à ceux qui ont passé leur vie dans le travail, demandez des *petites Sœurs*, et vous aurez fait autant de bien aux riches qu'aux pauvres, en réveillant en eux le sentiment de la charité; mais si vous voulez en obtenir, hâtez-vous de les demander, car les sujets manquent, quoiqu'il s'en présente beaucoup: pourtant la belle vocation! C'est à faire réfléchir sérieusement, et je serais bien heureux si ces lignes pouvaient révéler au cœur de quelque jeune personne, que Dieu l'aime jusqu'à la vouloir *petite Sœur des pauvres*.

SECONDE PARTIE.

CHAPITRE IX.

J'ai dit plus spécialement comment il fallait aimer le corps et lui faire du bien, maintenant allons à la source, allons tout droit à l'âme, sans cela rien de solide et de durable ; c'est là que s'élaborent la prospérité et la misère, c'est aussi, comme nous l'avons dit, la partie la plus sensible et la plus dolente de l'homme ; donc c'est là surtout que la charité doit se montrer active, affectueuse, dévouée ; les âmes aujourd'hui sont en ruine, voilà pourquoi la terre tremble.

Nous le savons bien tous, depuis la faute d'origine, il y a encore sans doute dans le cœur de l'homme de nobles et saintes inclinations, mais aussi il y a je ne sais quels malheureux penchants, je ne sais quelles perverses inclinations ; il y a, en un mot, les mauvaises passions ; et le mal, tout le mal de l'homme lui vient de ses passions. Ce sont elles qui empoisonnent sa vie, et font pleurer plus d'une fois ceux qui l'aiment. Or, à la foi religieuse toute seule la puissance d'enchaîner la mauvaise partie de nous-mêmes ; il n'est plus temps de se le dissimuler, n'est-ce pas le monde qui nous le dit tous les jours : Que voulez-vous que je fasse ? je ne peux pas, mes passions sont trop fortes, je voudrais bien me vaincre, je gémis, je prends des résolutions, et je me trouve toujours aussi faible. Il a raison, seul et sans le secours de la religion, il est impuissant. Otez la foi religieuse, il ne vous reste plus qu'une pensée libre et frémissante, que des cupidités ardentes, implacables, qui se rient, d'un rire de démon, des plus beaux raisonnements.

Mais, hélas ! les hommes n'ont plus guère de religion aujourd'hui, de religion pratique surtout, c'est-à-dire de cette religion qui saisit les sens, pénètre le cœur, et lui apprend à se résister à lui-même. En général, ils ont abandonné le Dieu de l'Évangile, pour aller courir après je ne sais quelle idole de l'or, de l'ambition ou de la volupté. C'est là un affreux malheur qu'il faudrait déplorer par des larmes de sang, et dont un chrétien, un prêtre surtout, ne peut, ne doit jamais se consoler.

Ici, je vais dire franchement ma pensée tout entière. Je crois qu'on ne se préoccupe pas assez de cette rupture, avec Dieu, de toute une partie de l'humanité. Il y a de nobles exceptions sans doute ; mais on se résigne trop facilement à voir les hommes se perdre. C'est bientôt chose convenue : un homme, dès qu'il a dix-huit ou vingt ans, doit être une ma-

nière d'impie. On a accusé un concile d'avoir autrefois décrété que les femmes avaient une âme ; je
ne sais si nous n'avons pas décrété que les hommes
n'en ont plus, du moins nous agissons souvent de
même. Nous sommes sans pitié pour eux, nous les
laissons se perdre, nous les réprouvons, nous les
damnons, sans merci et sans miséricorde. Il y a
même des mères, non pas toutes certes, il y a des
mères qui vous disent avec assez de sans-façon, en
parlant de leur propre fils : « Il n'a pas de religion,
c'est vrai, il est comme tous les hommes de son
temps. » Elle s'est bientôt résignée. Je n'aime pas ce
langage, il n'est pas chrétien, et ce n'est pas là une
parole du cœur. Quoi ! vous voyez cet homme travailler, souffrir, porter le fardeau de la vie sous vos
yeux pour s'en aller ensuite tomber dans un abîme,
et vous ne lui dites seulement pas : Prenez garde !
vous ne lui tendez pas même la main. Quand un inconnu, un étranger se noie, on le saisit par où l'on
peut, fût-ce même par les cheveux, ou du moins on
crie au secours, et on passe auprès de l'homme qui
se perd, qui se débat dans l'abîme du mal en ayant
l'air de dire : « Il y en a bien d'autres ! du reste,
c'est son affaire. »

Où en sommes-nous donc ? n'avons-nous pas
perdu les traces de la grande charité ? Ce n'était
pas ainsi que pensait saint Jean Chrysostome ; ce
n'était pas avec cette facilité qu'il acceptait la perte
des âmes : à cette pensée, ses entrailles sont émues,
déchirées, il s'en échappe des cris de douleur,

les accents plaintifs de la miséricorde et de la charité.
« Vous me tenez lieu de père, de mère, de frères,
» d'enfants, dit-il aux fidèles, vous êtes tout pour
» moi, et je n'ai ni joie ni douleur qui me soit sensible
» en comparaison de ce qui vous touche. Je n'aurais
» pas à répondre de vos âmes, que je n'en resterais
» pas moins inconsolable, si vous veniez à vous
» perdre; de même qu'un père ne se console point
» de la perte d'un fils, quoiqu'il ait fait tout ce qui
» fût en son pouvoir pour le sauver. Que je sois un
» jour trouvé coupable, que je sois justifié au re-
» doutable Tribunal, ce n'est pas là le plus pressant
» objet de mes sollicitudes et de mes craintes; mais
» que vous soyez sauvés tous sans nulle exception,
» tous à jamais heureux : voilà ce qui suffit et ce qui
» est nécessaire à mon propre bonheur, dût la jus-
» tice divine me reprocher de n'avoir point acquitté
» mon ministère ainsi que je le devais; bien que
» pourtant ma conscience ne me reproche rien à cet
» égard. Eh ! qu'importe encore par qui vous soyez
» sauvés, pourvu que vous le soyez? Si quelqu'un
» s'étonne de m'entendre parler de la sorte, c'est
» qu'il ignore ce que c'est que d'être père (1). »

Il est vrai que, pour justifier notre indifférence et
peut-être aussi notre paresse, on a une excuse toujours prête. On dit : Que voulez-vous faire? la religion
ne frappe plus les hommes, elle ne fait plus d'impression sur eux, tous les efforts sont inutiles, leur

____

(1) Homil. III in Acta.

esprit est ailleurs. Que dites-vous là, malheureux?
Quoi! ce sont des chrétiens qui tiennent ce langage !
mais vous portez un coup mortel à l'Évangile, vous
justifiez les sophismes et les blasphèmes de ceux
qui disent que le Christianisme a fait son temps,
qu'il est vieux, qu'il est usé, qu'il a perdu sa sève, et
qu'il n'est plus à la hauteur des lumières et des besoins de notre époque. Ce n'est pas vrai, c'est faux ;
vous calomniez les hommes de ce siècle. Sans doute,
ils ont respiré un air empesté, saturé d'incrédulité ;
mais quand l'homme de ce temps-ci voit bien le
Christianisme tel qu'il est avec sa charité surtout,
presque toujours il incline son front, son intelligence d'homme, et, ce qui est plus difficile, son
cœur d'homme devant sa vérité et sa loi.

Oh ! non, la religion n'a pas perdu tout son empire sur les âmes ! quand elle est bien mise en contact avec elles, si coupables qu'elles soient, elle les
pénètre, les domine et les relève ; des faits éclatants sont là pour le prouver.

Il y a deux ans, des prêtres que poursuivent d'in-
justes préjugés, des Jésuites vont évangéliser les bagnes; on sait ce que c'est qu'un forçat, on sait son impiété et son esprit plein de sarcasme et d'ironie. Eh
bien! ces prêtres se font écouter de ces hommes in-
domptables ; ils pétrissent avec leurs paroles sacer-
dotales ces cœurs de bronze, et les rendent dociles
comme de petits enfants, au point que les forçats
eux-mêmes s'en étonnent. Il faut, disaient-ils, pour

nous faire obéir, des soldats, des fusils, des canons; nous ne cédons que devant la force, les châtiments et la guillotine ; mais tout ce que nos Pères commandent, ils peuvent être certains de la soumission et de la promptitude. Aussi, à la Mission de Toulon, 2,800 hommes se présentèrent à la sainte Table. Il y a deux ans que cela se passait, et presque tous ont persévéré. Ce que la religion a pu sur des cœurs tombés au dernier degré de l'abjection, pourquoi ne le pourrait-elle pas sur des cœurs bien moins coupables?

Mais s'il en était ainsi qu'on le dit ; si l'homme, ce roi de la création, ce chef du foyer domestique si l'homme auquel vient d'être confiée une si grande part dans la direction des choses humaines, ne peut plus être touché, dirigé par le Christianisme, alors il ne nous reste plus à tous qu'à nous voiler la tête, et à attendre, dans la douleur, la plus épouvantable catastrophe qui jamais ait frappé le monde.

Grâce à Dieu, les choses n'en sont pas encore là ; si nous le voulons, le Christianisme est encore tout-puissant sur l'âme de l'homme ; son cœur bat encore à l'unisson de l'Évangile, seulement il ne le connaît pas parce qu'il a fui la tribune où l'Évangile est enseigné. C'est donc à nous, suivant la divine prescription, de laisser là le troupeau fidèle pour courir après la brebis égarée et la rapporter au bercail ; oui, la rapporter, elle est si faible qu'elle ne peut plus marcher ; autrement à quoi serions-nous propres ? Quelle serait donc notre charité si nous laissions périr sous nos yeux la moitié du genre humain ? Essayons de tous les moyens, consultons ceux qui sont plus habiles, mais ne restons pas inactifs, ne nous résignons jamais, non, jamais, à voir les hommes se perdre; ils sont si malheureux, à quelque classe qu'ils appartiennent! Il y a en eux un fond de tristesse qui passe souvent sur leur visage; ils n'ont plus de bonheur, plus de ces joies qui reposent l'âme, mais des joies fiévreuses qui la fatiguent ; ils sont obligés de faire effort même pour sourire. En pourrait-il être autrement, quand on est condamné à porter, à traîner avec soi, jour et nuit, comme le galérien traîne son boulet, les faiblesses, les fautes d'une partie de sa vie? quand on est condamné à dormir avec tout cela, on ne peut pas être heureux...

Mais ce sont surtout les ouvriers qu'il faudrait ramener aux vérités et aux espérances de la religion. S'il pouvait y avoir du plus ou du moins, il serait permis de dire qu'ils en ont encore plus de besoin que qui que ce soit; ils n'ont que cela, rien que cela pour les protéger contre les mauvaises passions et contre le découragement ; la religion est la seule barrière qui les sépare de l'immoralité et de la misère ; c'est la classe ouvrière qui alimente les classes malheureuses, et il faut avouer que depuis quelques années elle s'en acquitte trop bien, parce que, hélas! nos pauvres ouvriers n'ont plus de religion, ils la connaissent même à peine, ils ne fréquentent plus guère les temples, ils assistent en passant à une messe, ou même n'y assistent pas du tout ; ils ne viennent plus écouter la doctrine qui apprend la résignation, qui fait l'honnète homme et le bon père de famille. On a tout fait pour les démoraliser, on a enchaîné leurs bras par la faim, au jour du dimanche ; le matin, souvent ils travaillent, et le soir ils vont on ne sait où. Oui, l'atelier se ferme à l'heure de la débauche et du crime, il rend la liberté pour l'orgie, et il ne la rend pas pour l'instruction religieuse et pour la prière publique ; à cette heure, il réclame et garde sa proie.

Voilà une plaie sanglante, voilà le fléau le plus redoutable de notre âge qui doit épouvanter les générations à venir, voilà un vaste champ ouvert à la charité. Il y en a là de la misère..., il y en a là des haillons..., il y en a là de l'immoralité..., il y en a là des larmes..., et des larmes les plus sacrées, des larmes de femmes, de mères, d'enfants : voilà une des causes de toute cette indigence, de toutes ces guenilles qui se promènent dans nos rues ; voilà une des causes les plus efficaces de cet affreux paupérisme qui se dresse devant la société comme un spectre de l'enfer, et lui jette cette parole : Du pain, donne-moi du pain, ou je te dévore !.... Eh bien ! cette plaie sociale, il faut la guérir, ce fléau sanglant, il faut l'arrêter, si nous avons encore un peu d'humanité ; car ici je ne parle pas au nom de la religion, je parle au nom de l'humanité, au nom de la dignité de l'homme, au nom même de la pudeur. Oui, que ce siècle soit dur pour nous autres pauvres prêtres, qu'on ne nous écoute plus, qu'on nous laisse gémir dans la solitude de nos temples; mais au moins qu'on ait pitié de l'humanité, que l'on remédie à tant de misères et à tant d'abjection ; que l'on ait un peu de probité de cœur, encore un peu de ce qui sent l'homme.

Car, je le demande à tout homme, quel qu'il soit, à quelque religion ou à quelque parti politique qu'il appartienne, n'est-il pas désolant, navrant de voir, le dimanche, un malheureux ouvrier, un tout jeune homme ou un père de famille, dépenser le fruit de son travail, sa force, la séve de son cœur, se plonger tout entier dans l'orgie, pendant qu'à la maison son vieux père gémit, sa mère se désole, sa femme pleure, ses enfants grelottent et demandent du pain à leur mère qui n'en a pas un morceau à leur donner? Et dire qu'il y a des millions d'enfants et de femmes qui en sont là! Pauvre femme! quelle existence! quelle soirée du dimanche! Elle est là dans son réduit, sans feu, sans pain, entourée de ses enfants qui dorment et que la faim réveille de temps en temps; elle attend, elle attend, et le temps est si long quand on attend! Il est dix heures, se dit-elle, et il ne revient pas! il est minuit, il n'est pas encore arrivé! mon Dieu! il est deux heures, et je n'entends rien! où est-il donc? dans quel état reviendra-t-il? que va-t-il me faire?

il aura tout dépensé, et qu'allons-nous devenir?

Cruelle déception! Autrefois, dans ses rêves de jeune fille, dans ses aspirations au bonheur, elle s'était dit plus d'une fois, sans doute : Un jour moi aussi j'aurai ma maison, mon mari, mes enfants ; ils m'aimeront, je les aimerai, et nous serons heureux ensemble, surtout le dimanche quand nous nous verrons tous réunis autour de la table commune. Infortunée ! voilà donc où ont abouti tes rêves de félicité ! Est-ce donc là le bonheur auquel tu avais aspiré? Tu n'as pas même de pain ; du reste, tu n'en as pas besoin pour toi, tu as ta douleur à dévorer, tes larmes à boire ; mais tes enfants, tes pauvres enfants !....

Vous qui connaissez les souffrances du cœur maternel, et qui connaissez aussi les joies de la famille ; vous qui devez aux soirées du dimanche vos plus purs bonheurs, plaignez-la du moins, ayez pitié d'elle, ayez pitié de ses enfants.

Oh! qu'ils nous ont fait de mal, qu'ils ont fait de mal à la France, à l'humanité, ceux qui ont donné l'exemple de la profanation du dimanche, ceux qui en ont parlé légèrement ou qui ont détourné les masses de l'accomplissement de leurs devoirs religieux! Ils devraient trembler à la pensée de la mort, car il est bien à craindre qu'une partie de toutes ces douleurs, de toutes ces angoisses, de toutes ces larmes ne retombe sur eux. Hélas! qu'avez-vous fait, malheureux ? qu'avez-vous fait? Regardez cette triste mère, regardez-la bien, ne dé-

tournez pas les yeux ; voilà votre ouvrage, voilà
les soirées du dimanche que vous lui avez pro-
curées , voilà comme elle se repose , elle , pour
reprendre ses travaux de la semaine, voilà la part
de bonheur que vous lui avez faite : des ennuis, des
souffrances, des mauvais traitements, et c'est tout.
Mon Dieu ! où est donc notre pitié, notre charité?
Est-ce là un sort ? est-ce là une existence ? Qu'a fait
cette malheureuse pour la laisser ainsi souffrir ? Le
scélérat dans sa prison n'est-il pas plus à l'aise ?
Nous avons une *Société protectrice des animaux*, et
elle, elle est livrée sans défense à la brutalité d'un
homme qui a noyé dans le vin sa raison et son cœur!

Sans doute qu'il est bien permis à l'ouvrier de
prendre un peu de repos, de récréation le dimanche;
ce jour est fait en partie pour cela ; qu'il y ait des
heures pour le corps et des heures pour l'âme, c'est
bien; mais aussi que toutes les récréations ne soient
pas pour les uns, et toutes les peines pour les autres. S'il a quelque chose à dépenser, qu'il le dépense en famille, avec sa femme, ses enfants, son
vieux père; qu'il y ait au moins un jour de bonheur
pour tous : ils sont si rarement réunis ! qu'ils se
voient, qu'ils s'aiment au moins un jour de la semaine. Voilà ce qui s'appelle vraiment s'amuser, et
ce qui s'appelle de plus bon sens, justice et humanité. On a bien mal parlé de la religion, ayons au
moins la franchise d'avouer que si nos pauvres ouvriers avaient toujours suivi ses lois, ils auraient

aujourd'hui plus de bien-être, plus de moralité et plus d'argent, et le monde plus de paix et plus de prospérité.

Il est temps de remédier à ce mal, car ses progrès sont effrayants. Autrefois un roi avait rêvé *la poule au pot* pour chaque famille au jour du dimanche. C'est du luxe aujourd'hui : qu'on assure à tous au moins un peu de repos et un morceau de pain, et cela non pas par la force ou par des lois, mais par la persuasion des bonnes paroles et des bons exemples. Nous ne voulons pas des autres moyens. La chose est encore certainement possible, car au fond l'ouvrier français n'est pas méchant ; livré à lui-même, il est bon, sensible, aimant ; il y a souvent chez lui une nature admirable, mais il est léger, faible, si faible ! Ce qui le perd, ce qui le porte à ces excès, c'est le vin, c'est l'orgie, c'est le contact d'êtres dégradés. Voilà ce qui tue en lui la source des bons instincts. N'allez pas croire qu'il arrive dès le premier jour au dernier degré du vice et de l'insensibilité ; non, non, il lutte longtemps, il se condamne lui-même, il condamne sa faiblesse, il maudit son sort et il s'arrache les cheveux. Je ne dis rien dont je n'aie été témoin bien souvent. Il faut le voir dans l'intimité, après une journée passée au sein de la débauche, il est le premier à vous dire : « Je suis un misérable, méprisez-moi, je le mérite. » Croyez-vous qu'il ne lui en coûte pas de désoler ceux qui l'aiment ; croyez-vous que son âme n'est pas brisée de voir sa femme triste, ses enfants mornes, et de se dire : C'est moi qui en suis cause?

Si l'on voulait savoir si l'ivresse est un grand mal, il faudrait aller le lui demander le lendemain du jour où il s'est oublié. Malgré certaines *fanfaronnades* il est triste, abattu, honteux, il ne sait que faire de sa personne, il voudrait pour un jour être enfoncé dix pieds sous la terre, il prend alors de belles résolutions, il jure, il proteste qu'il sera fort; mais le pauvre homme aujourd'hui est tout seul, et seul il est trop faible pour lutter contre les séductions et les habitudes, il lui faudrait les secours de la religion pour fortifier son âme, il lui faudrait la parole vivante d'un ami, d'un confesseur pour le soutenir. Ce qui manque aux ouvriers comme à beaucoup d'autres, ce n'est pas encore la science du bien qu'il faudrait faire, mais c'est la force, c'est le courage de le faire; tant que vous ne lui aurez pas appris à enchaîner ses mauvaises passions, *toutes les exhortations à mettre à la Caisse d'épargne, tous les livres d'économie, tous les conseils aux ouvriers* équivaudront à de beaux discours *faits à un ventre affamé.*

Il prend donc de bonnes résolutions; mais, livré à lui seul, il n'est pas bien sûr que si l'occasion se présente, il ne retombe dès le jour même : qu'il rencontre *un ami,* comme ils disent; et ce n'est pas difficile, ces pauvres gens ont tant d'amis! le voilà qui entre au cabaret avec l'intention d'en bientôt sortir et de ne boire qu'une seule *chope;* mais la tête s'échauffe, les bonnes résolutions s'en vont, la raison disparaît, et le lendemain il a la rage dans l'âme, le désespoir dans le cœur ; ce n'est plus un homme, il boit pour noyer ses remords, il boit par dépit, il vend jusqu'au dernier débris de son chétif mobilier ; lui qui eût pu être un honnête homme, dans un de ses excès, il arrachera la couverture du lit de sa femme ou de ses enfants pour aller boire encore.

Vous visitez une pauvre maison et vous êtes étonné de trouver sur une couche en acajou de la paille et des haillons ; la femme vous explique ce mystère avec une retenue digne d'un bien meilleur sort. « Hélas ! Monsieur, vous dit-elle, je n'ai pas toujours été malheureuse, j'ai été bien élevée ; mais nous avons eu des malheurs ; mon mari est bon, voyez-vous, il a un bon fond, il n'est pas méchant, mon mari, mais il a des habitudes, et alors il ne se possède plus, il vend ou brise tout. » Et puis ses larmes vous disent le reste. Ces pauvres gens descendent si bas, si bas, que si vous leur donnez un peu d'argent pour acheter du pain à leurs enfants qui en ont besoin, pour procurer des remèdes à un membre de leur famille qu'une affreuse maladie dévore, il n'est pas bien sûr qu'ils n'en fassent un tout autre usage.

Ajoutez à cela qu'ils boivent des liqueurs frelatées qui leur mettent l'enfer dans la poitrine, qui brûlent le sang dans leurs veines, ce sang qu'ils passeront à leurs enfants avec leurs vices. De là ces générations débiles, rachitiques, méchantes par instinct, en présence desquelles on en est réduit à se demander : Sont-ce donc là des hommes, des chrétiens, des enfants de la France?

Du reste, tous ces excès désolent, mais ils ne doivent pas étonner; ce qui doit étonner, c'est que la dégradation ne soit pas encore plus grande. Il faut qu'elle soit bonne, cette nature française! mais à la fin elle s'usera, le sang se corrompra, et je ne sais ce que nous deviendrons. Non, on ne doit pas en être étonné, quand on sait toutes les épreuves du mal par lesquelles ils passent, quand ils nous ont eux-mêmes raconté leur vie. Pourquoi se le dissimuler puisque cela est vrai, puisqu'il est utile que cela soit connu? Le jeune ouvrier sans religion, sans expérience, ne fréquente pas longtemps les cabarets, dans les grandes villes surtout, ou ces lieux qu'on appelle lieux de plaisirs, sans rencontrer bientôt une malheureuse créature dégradée qui, suivant l'expression reçue, devient sa *maîtresse*. Ah! oui, c'est bien sa maîtresse ; bientôt elle est venue à bout de le dominer, elle en fait son valet, son forçat, il faut qu'il obéisse à tous ses caprices et à toutes ses cupidités, qu'il subvienne à tous ses besoins ; et, comme pour ajouter encore la dérision à l'insulte, elle lui fait entendre qu'il ne peut pas se marier, parce qu'il n'a pas le moyen de nourrir une femme. Quand il est à bout de ressources honnêtes, elle lui conseille

des moyens douteux et suspects de faire de l'argent;
s'il recule devant l'indélicatesse, elle le pousse, elle
le tourne en ridicule, elle l'appelle lâche, crétin et
imbécile ; il finit par obéir, et il se dégrade. La première femme perdit l'homme et le monde ; hélas !
aujourd'hui Ève est encore souvent vivante parmi
nous ; que voulez-vous que devienne un homme
sous la direction d'une pareille mégère? qui sait
jusqu'où elle peut l'entraîner dans ce temps de
commotions politiques ?

Et quand cette femme l'a sucé jusqu'au sang,
quand il n'a plus rien à lui donner, elle le jette là,
comme on jette la coque d'un fruit dont on a ex-
trait le jus, et s'en va en salir un autre de sa bave
impure. Et lui ..... se marie, devient père de famille. Ah! malheureuse la femme qui deviendra la
compagne de sa vie! malheureux les petits enfants
que leur naissance condamnera à lui dire : Mon père!

Il est encore une autre considération, un autre
abîme; la société ferait bien d'y penser, il en est
grand temps, il est trop tard peut-être.

Au cabaret et dans ces lieux dont nous venons
de parler, que l'on appelle lieux de plaisirs, mais
que l'on appellerait bien plus justement lieux de
perdition, on fait des dettes, on se charge de dettes,
on se ruine ; la tête échauffée ne connaît ni mesure
ni prévoyance.

Or, l'homme grevé de dettes est toujours un

homme dangereux, parce qu'il finit par perdre le sens moral, et parce qu'il n'est plus son maître ; il ne s'appartient plus, il appartient à son créancier, et Dieu sait combien de nos malheureux ouvriers en sont là, à quelles nécessités ils sont réduits, à quels hommes ils ont affaire, quelles angoisses ils ont à subir, et de quels moyens on se sert pour les tenir sous sa domination. Hélas ! qu'avons-nous fait? Nous les avons livrés, pieds et mains liés, à la cupidité, à l'avarice, aux plus détestables passions !

Pour rester honnêtes dans cette extrémité, il leur faudrait une énergie chrétienne plus qu'ordinaire, et c'est rare sans la foi ; le spectre est toujours là devant eux, il les poursuit, il les tourmente, il les obsède, il est bien à craindre qu'ils ne veuillent échapper à sa griffe à tout prix, au prix même d'un bouleversement général.

Aussi tous les brouillons, tous les conspirateurs, tous les faiseurs de révolutions de tous les siècles, ont été le plus souvent des hommes perdus de dettes. Comment, en effet, pouvoir aimer un ordre de choses dans lequel on est sans cesse menacé des huissiers, des gardes du commerce et de la prison, ou d'être expulsé de son domicile et jeté dans la rue? Des hommes endettés sont des hommes ingouvernables, parce que leur intérêt sera toujours, comme ils le disent dans leur langage trivial, de chercher à renverser *la boutique*.

Est-il même bien sûr que celui qui les tient sous

sa domination n'abusera pas de sa position, ne les poussera pas à la violence ou au crime, ne leur dira pas : « Tu es à moi, marche, marche, tu n'as rien à risquer, marche, ou bien en prison. » Le malheureux ouvrier n'aura pas la force de résister, il obéira à regret, et vous l'entendrez vous dire, pour essayer de justifier des choses injustifiables, d'infâmes trafics, des actes de scélératesse, des crimes atroces : « J'en ai eu bien de la peine, mais que vouliez-vous que je fisse ? il fallait bien agir, ou j'étais pris, j'étais perdu. »

Voilà la génération qui s'agite, qui souffre et qui convoite au-dessous de nous ; il n'est pas possible qu'elle reste en paix et qu'elle n'aspire pas à un changement quelconque. Cette vie *démoralise* l'âme et donne la fièvre au cœur ; or, il est dans la nature de la maladie de vouloir changer à tout prix. Dites à un malade qui demande à se lever : Le médecin l'a défendu... — Cela m'est égal, répond-il, je veux me lever... —Mais vous allez aggraver votre mal, vous en mourrez ! —Tant pis, je vous dis que je veux me lever. Il en est de même pour les âmes que la fièvre des passions tourmente, elles veulent du changement à tout prix : on a beau leur dire : Mais vous serez plus mal encore ! —C'est égal... je veux changer. — Mais vous pouvez périr... — Tant pis... il me faut du changement, et je changerai... Et qu'on ne compte pas, pour la retenir, sur les lois, sur la police, sur la force. La masse des volontés perverses grossira et bri-

sera la digue,... et cela ne se fera pas attendre longtemps, si on n'y remédie. Les choses vont vite aujour-
d'hui en France; on vit un siècle en dix ans... On sait
combien l'esprit français est mobile, impression-
nable, liant, communicatif; sur une parole prononcée en certaines circonstances, il pardonnera, se
dévouera, fera des actes admirables;... ou bien, il
maudira, frappera, démolira... Comment ne pas
trembler après cela, à la pensée de toutes les provocations au mal que l'ouvrier rencontre dans tous
ces lieux que nous avons nommés? Oh ! c'est trop
de danger, c'est trop de tentation pour la pauvre nature humaine; ils le sentent bien eux-mêmes, ils le
disent,... et l'un d'eux, après nous avoir fait, avec
cette parole franche, étrange, originale de l'ouvrier
de Paris, une description épouvantable des choses
qui se passent aux barrières, et qu'il connaissait,
hélas, trop bien ! ajouta avec un accent qui nous
est resté profondément gravé dans l'âme : Quand
on y va souvent, il faut qu'on fasse comme les autres, il faut qu'on s'y perde, il n'y a pas d'homme
capable de résister, *et si le bon Dieu lui-même y
allait seulement pendant six mois, tout bon Dieu qu'il
est, eh bien! il n'en ressortirait plus bon Dieu.*

Il faut retirer nos ouvriers de ces bouges, de
ces nécessités; on ne peut pas laisser des hommes,
des femmes, des enfants, se débattre ainsi au sein de
l'abjection et de la souffrance; il faut les ramener à
la vie de famille, au respect d'eux-mêmes, à des

habitudes de prévoyance et d'économie; beaucoup d'entre eux n'ont besoin que d'une main qui se tende, que d'une bonne parole pour redevenir ce qu'ils doivent être.

Déjà beaucoup de bien a été fait, déjà de bons exemples ont été donnés. Des masses d'ouvriers ont été ramenés à la vie régulière et laborieuse par différentes associations, entre autres, par la *société de Saint-François Xavier*, qui compte à Paris douze ou quinze réunions, et un certain nombre dans les villes de province (1).

Cette association fut fondée il y a environ dix ans, et elle eut pour premier berceau une classe des Frères des écoles chrétiennes. M. le curé de Sainte-Marguerite, au faubourg Saint-Antoine, le vénérable M. Haumet, que la mort vient d'enlever aux pauvres, aux ouvriers et à sa paroisse, avait chargé M. l'abbé Massard de faire des instructions religieuses aux adultes qui fréquentaient les classes du soir chez les Frères. Mais divers obstacles empêchèrent de continuer ces instructions dans la classe; on passa à la chapelle du catéchisme de la paroisse; d'autres ouvriers vinrent s'adjoindre aux adultes, et ce fut le noyau d'une association qui prit pour patron saint François Xavier; des orateurs distingués, ecclésiastiques ou laïques, lui donnèrent du retentissement. M. l'abbé de Dreux-Brézé en forma une

____

(1) L'œuvre existe aussi à Beauvais, à Reims, à Orléans, à Aix, à Périgueux, à Nevers, à Pau, etc., etc.

semblable au Gros-Caillou, où il a laissé de si bons souvenirs parmi les ouvriers ; après vint celle de Saint-Sulpice, qui s'est développée plus brillamment que toutes ses devancières.

Les plus éminents services ont été rendus à ces réunions par M. l'abbé Ledreuille, qui s'y était dévoué tout entier, alors même qu'il n'était pas encore prêtre.

Dans chaque association, il y a deux parties distinctes :

Premièrement, ce qu'on nomme le bureau ; il est composé d'un président, d'un vice-président, d'un prêtre directeur, d'un secrétaire et d'un trésorier ; c'est la partie qui gouverne : les hommes les mieux placés dans le monde n'ont pas dédaigné de faire inscrire leurs noms sur les listes de ces amis des ouvriers, beaucoup même d'entre eux leur donnent toutes leurs soirées du dimanche... Ainsi, on y voit figurer les noms de MM. de Barante, Cochin, adjoint au maire du Xᵉ arrondissement, Gaillardin, professeur d'histoire au lycée Louis-le-Grand, de l'Orge, de Thomassin, etc., etc.

Puis, il y a les ouvriers qui se réunissent pour se secourir mutuellement dans la maladie, et pour entendre des instructions morales et religieuses, ou simplement utiles à leur profession. Chaque mois, ils déposent à la caisse une petite cotisation, quelquefois de dix sous, quelquefois de un franc, suivant le règlement ; et lorsqu'ils sont malades, ils reçoivent un franc cinquante centimes ou deux francs avec les visites du médecin et les médicaments *gratis*; s'ils meurent, ils sont enterrés aux frais de l'association.

Les meilleurs rapports s'établissent entre eux, ils se connaissent, ils s'aiment, ils se rendent service dans les maladies, ils se visitent, avertissent le médecin et le trésorier de l'association, et, suivant la recommandation qui en est faite dans la règle, ils accompagnent en grand nombre le corps de l'associé défunt à sa dernière demeure; on ne peut plus dire que le convoi du pauvre est solitaire.

Habituellement les réunions ont lieu une fois par mois, le dimanche au soir; pourtant, il y a des exceptions : à la Madeleine et à Saint-Augustin, on se réunit deux fois ; elles durent de deux heures et demie à trois heures ; mais on peut les modifier à volonté; le plus souvent elles se font dans l'église, à moins que, comme à Saint-Sulpice et ailleurs, on n'ait une chapelle particulière; lorsqu'elles ont lieu dans l'église, on a soin de porter, avant la réunion, le saint Sacrement à la sacristie.

En entrant, les ouvriers vont déposer, à une table placée au coin de la porte, leur petite offrande du mois, et faire constater leur présence (les Frères des écoles chrétiennes, dont le zèle pour ces œuvres est au-dessus de tout éloge, veulent bien se charger de tout cela); puis, ils vont s'asseoir à la place qui leur est désignée. Lorsque l'heure de commencer est venue, le bureau se place au banc de l'œuvre ou au bas du sanctuaire, en face des ouvriers, et le prêtre directeur entonne les petites Vêpres, composées des Psaumes *Dixit*, *Laudate pueri*, *Laudate Dominum*, de la strophe *Monstra te* et du *Magnificat*; les ouvriers chantent eux-mêmes les Vêpres comme les cantiques qui coupent les différents exercices.

Les Vêpres terminées, le secrétaire lit le procès-verbal de la séance, le trésorier rend compte de l'état de la caisse, s'il y a lieu, et ensuite le prêtre directeur, ou un autre prêtre, fait une instruction religieuse, appropriée à leurs besoins et à leur manière d'envisager les choses; puis viennent différents orateurs laïques, ecclésiastiques : c'est M. Gaillardin qui leur fait un cours d'économie domestique, qui leur parle de tout ce qui peut les intéresser, d'eux-mêmes, de leur travail, de leur femme et de leurs enfants; c'est M. le docteur Massé qui leur fait un cours d'hygiène aussi utile à la santé de l'âme qu'à la santé du corps, et qui, plus d'une fois, amène le sourire sur les lèvres en leur donnant ses conseils d'ami; c'est M. l'abbé Ledreuille, qu'ils connaissent, qu'ils aiment, qui leur dit franchement ce qu'ils sont et ce qu'ils devraient être; c'est M. l'abbé Laroque, ancien aumônier des Invalides, et prédicateur des prisons et des bagnes, qui confirme ses instructions par les plus intéressantes histoires de vieux militaires, dont la conclusion est toujours qu'il faut devenir meilleur. Il a fondé la réunion de Saint-Eustache, qu'il dirige avec les plus consolants succès. C'est le **P.** Milleriot, l'ami des ouvriers, qui leur parle avec cette parole simple, vivante, apostolique, qui fait entrer jusque dans le confessionnal. C'est **M.** Claudius Hebrard, le poëte des ouvriers, qui leur lit quelques pièces de sa composition, qu'ils couvrent d'applaudissements, car on leur permet habituellement d'applaudir; il y a bien à cela quelques inconvénients, mais c'est dans leurs habitudes; et, **de** plus, on sait mieux par là ce qui leur convient ou ce qui ne leur va pas.

Après cela le président donne ses paternels **avis**, recommande l'observation de la règle, l'assiduité aux réunions, la fidélité à suivre au cimetière le corps de l'associé défunt, etc. Il leur parle **avec** l'affection d'un père; il félicite, il gronde parfois, il exhorte toujours au bien; les ouvriers sont vivement impressionnés en voyant un homme instruit, bien posé dans le monde, leur prêcher la religion et la charité.

De temps en temps, dans les grandes solennités ouvrières, car il faut avoir soin de ménager des fêtes, aux distributions de diplômes, aux distributions de prix, on invite les grands orateurs, les hommes remarquables, comme le Père Ravignan, le Père Lacordaire, M. de Falloux, **M.** de Riancey, etc., etc., qui acceptent l'invitation avec la plus gracieuse obligeance. Mᵍʳ l'Archevêque de Paris est toujours prêt à venir leur apporter une parole du cœur; Mᵍʳ le Nonce et Nosseigneurs les **Évêques** de France qui se trouvent à Paris s'empressent de venir honorer de leur présence et bénir ces réunions du travail. Quelquefois on tire une loterie; on fait un petit cours de physique, d'astronomie, à leur portée; on leur parle des associations ouvrières du moyen âge... En un mot, on fait tout pour intéresser, pour instruire et pour rendre meilleurs ces braves gens, et il faut leur rendre cette justice que beaucoup en profitent; ils sont si sensibles à ce qu'on fait pour eux, ils vous en savent si bon gré! Rien que de s'occuper des ouvriers, c'est déjà leur faire beaucoup de bien, surtout lorsque l'on appartient aux classes supérieures; ils ne demandent pas mieux que de se rapprocher d'elles, et ils sont fort heureux quand ils peuvent serrer la main à un des membres du bureau; la pensée que des hommes respectables s'intéressent à eux les rend plus vigilants, les relève à leurs propres yeux, et leur fait comprendre qu'ils peuvent encore obtenir l'estime et l'affection des honnêtes gens. Au moins, voilà une soirée du dimanche bien passée; voilà de bonnes pensées répandues dans des âmes; voilà des hommes qui commencent à avoir une haute idée de la religion. Et leurs femmes, qu'elles sont heureuses, quand on leur permet d'assister à ces réunions! il faut voir comme elles applaudissent aux conseils donnés à leurs maris, et avec quel empressement elles viennent les recueillir, quand tout est fini. Au moins, ce soir-là elles ne seront pas maltraitées, la paix sera au foyer domestique, et le petit mobilier restera intact.

Pourtant, il ne faut ni se faire illusion, ni faire le bien plus grand qu'il n'est ; ces associations n'ont encore guère pénétré dans le vif de la classe ouvrière ; nous n'avons encore touché que très-peu relativement de ces natures vigoureuses, indomptées, âpres au mal ; les hommes nous manquent. Chose triste à dire, il n'y a pas, à Paris, dix prêtres qui s'occupent activement et exclusivement de la classe ouvrière ; pas dix prêtres pour travailler au bien moral de cette masse de pauvres, de soldats et d'ouvriers ! Le ministère paroissial absorbe tous les moments du prêtre, ne lui laisse pas un instant de relâche, comment pourrait-il s'occuper des ouvriers? et s'il veut rester libre, pour se livrer tout entier à ces œuvres, hélas ! souvent il se trouve lui-même aux prises avec les premiers besoins de la vie (1).

Pourquoi cette association de St-François Xavier n'est-elle pas plus connue, n'est-elle pas plus répandue? tous les hommes de bien devraient désirer qu'il y en eût une au moins dans chaque ville.

(1) Les RR. PP. Jésuites viennent de bâtir, avec l'aide de la charité une église destinée aux ouvriers allemands.

Il y a des éléments partout. D'abord du côté des ouvriers, il est certain qu'ils sont généralement plus moraux qu'à Paris, moins exposés aux tentations et aux séductions ; le dimanche Paris sue la luxure ; ils sont aussi moins étrangers à la vie de famille, aux choses de la religion : ce serait une manière si douce de passer ces soirées d'hiver, ces soirées que le cabaret dévore ! Il y a un seul obstacle réel, c'est le respect humain ; on craint de s'attirer des moqueries. Mais il faut viser à former de bonne heure un bon noyau, un noyau respectable ; après cela l'ouvrier ne redoute plus ce qu'il regarde comme une honte, parce qu'il la porte en bonne compagnie. Du reste, des obstacles, il y en aura, il doit y en avoir, l'œuvre est trop belle ! Mais ce n'est pas là ce qui doit arrêter un chrétien, il y a bien longtemps que nous savons que toute œuvre de Dieu rencontre des obstacles de la part des méchants et aussi de la part des bons, et c'est une raison de plus pour l'entreprendre. Il est important que l'œuvre se présente bien dès le commencement, de créer en quelque sorte l'entraînement. Pour cela il est bon d'appeler des hommes qui connaissent déjà ces réunions et qui aient l'habitude de parler aux ouvriers.

La chose la plus difficile à trouver, ce sont les orateurs, c'est-à-dire des hommes qui puissent instruire et intéresser les ouvriers. C'est certainement une difficulté, mais il ne faut pas se l'exagérer, avec un peu de bonne volonté elle peut être levée ; car que faut-il pour leur parler ? du bon sens, du cœur, et pas de phrases, voilà tout. Quand on a l'âme un peu bien placée, quand on les aime, quand on désire sincèrement leur amélioration et celle de leur famille, on n'est pas embarrassé quoi leur dire ; on trouve dans son cœur des inspirations, sur ses lèvres des paroles auxquelles on n'avait jamais songé, et l'accent qui va à l'âme les accompagne toujours. Il y a des moments où ce n'est pas un embarras ; c'est une jouissance, c'est un bonheur que de leur parler ! Pauvres hommes ! qui ne serait heureux de leur aider à reconquérir la place que notre Seigneur Jésus-Christ leur a méritée ? O saintes joies de l'apostolat chrétien, que n'est-il donné à beaucoup de cœurs de vous connaître et de vous goûter ! Que d'hommes de talent perdent l'occasion de bien faire, faute de n'oser se montrer tels qu'ils sont, et de n'oser dire les pensées de leur âme !

L'année dernière, le brave et pieux capitaine Marceau, que l'on peut louer aujourd'hui, puisque la mort nous l'a enlevé depuis dans la force de l'âge, se trouvait à Paris, arrivant d'un voyage de l'Océanie ; le hasard ou plutôt la Providence le conduisit à une réunion ouvrière, nous l'engageâmes à parler. « Moi ? répondit-il, vous n'y pensez pas, je n'ai de ma vie parlé en public, et vous voulez me faire parler dans une église ! » On insista au nom de la religion et de la réunion d'ouvriers qui était

très-nombreuse, il se rendit. Il est impossible de
dire l'impression que produisit cette parole militaire et catholique, il y avait en lui cet accent
épouvantable de conviction et de franchise qui va
jusque dans les entrailles, qui ne permet pas la ré-
sistance et ôte même parfois jusqu'à la respiration.

« Mes amis, leur dit-il, il y a sans doute parmi
» vous des hommes qui ne sont pas encore chré-
» tiens, qui n'aiment pas la religion. Eh bien !
» sachez-le, j'ai été impie comme vous, plus que
» vous peut-être, nul plus que moi n'a détesté le
» Christianisme ; mais je dois lui rendre cette jus-
» tice que tant que je n'ai pas été chrétien, c'est-
» à-dire jusqu'à l'âge de trente-cinq ans, j'ai été
» malheureux, profondément malheureux... Je n'ai
» pas vécu jusque là, mes amis ; non, ce n'était pas
» là vivre... je m'agitais ou plutôt mes passions me
» poussaient, me tiraient, m'entraînaient, mais je
» ne vivais pas... j'étais une machine.., mais je
» n'étais pas un homme... »

Et puis, tout-à-coup se mettant à l'aise, il cause
familièrement avec les ouvriers, qui l'écoutent avec
une dévorante attention ; c'est une piquante con-
versation : « Mes amis, dit-il, nous ne comprenons
» pas bien, nous autres, la valeur de la religion, le
« bonheur d'être chrétien ; pour le bien compren-
» dre il faut avoir vécu quelque temps au milieu des
» païens, des sauvages surtout. Il y a des gens qui
» vous disent : « A quoi bon la religion chrétienne?

» elle rétrécit l'esprit, elle abrutit le pauvre monde;
» n'avons-nous pas la religion de la nature et de la
» raison qui est beaucoup plus simple, et qui ne
» fait pas tant d'embarras? »

» Pour toute réponse, je voudrais voir l'homme
» qui parle ainsi pendant six mois seulement chez
» les sauvages, et cela dans les meilleures condi-
» tions, à la cour d'un roi qui ne se gênerait pas
» pour lui dire, comme il me l'a dit à moi-même :
« Tu m'as l'air bien nourri, oh! que tu es gras! ta
» chair doit être bonne! » Ce qui signifie assez clai-
» rement : J'ai bien envie de te manger. Vous enten-
» drez bientôt notre homme s'écrier : « Ma foi, tout
» bien examiné, la religion et la civilisation de l'E-
» vangile valent mieux encore que la religion et la
» civilisation de la nature, malgré tout le bien que
» j'en ai dit autrefois; qu'on me reconduise vite en
» pays chrétien, dans ma bonne et belle France, j'y
» serai mieux encore; car le drôle pourrait bien se
» passer la fantaisie de faire du beef-teack de ma
» personne; il ne me paraît pas scrupuleux sur
» l'article. » Et les ouvriers d'applaudir.

Il n'est donc pas impossible de trouver des orateurs pour parler aux ouvriers, il y a beaucoup
d'hommes qui, pour le faire utilement, n'auraient
qu'à interroger simplement leur âme, leurs souvenirs et leur amour de l'humanité.

Ce qui facilite singulièrement la tâche, c'est que
l'ouvrier aime la vérité, aime qui lui dit franche-

ment ses vérités, pourvu qu'il sache qu'on lui porte intérêt, et qu'on lui parle avec prudence et affection ; il est faible, il est coupable, il a des torts, mais au moins il ne cherche pas sérieusement à se justifier par l'artifice des raisonnements, il reçoit en pleine poitrine et à bout portant les vérités les plus vraies et les plus vigoureuses, il se donne tout entier à celui qui l'aime, et il l'applaudit au moment où il est le plus fortement battu.

Faites-vous aimer, et vous aurez le droit de leur dire beaucoup, de leur tout dire..... il est vrai qu'ils se fâchent bien un peu de temps en temps, mais le sentiment de justice qui est en eux leur fait comprendre le devoir du prêtre ; on se raccommode bientôt, et puis on s'aime davantage.

Surtout, il faut voir avec quelle attention ils vous écoutent ; ils se trompent bien, ceux qui disent que la religion n'a plus de prise sur eux ! Une fois qu'une pensée vigoureuse les saisit, leur esprit se fixe, leur visage s'anime, et l'intelligence et la bienveillance brillent dans leurs yeux. Nous avons eu souvent le bonheur de leur adresser la parole, et c'est un des doux souvenirs de notre vie ; et plus d'une fois en présence de ces masses attentives, on en est réduit à souhaiter aux auditoires fidèles le même recueillement et surtout la même bienveillance.

Oh ! peuple, peuple que Jésus-Christ aimait, pourquoi donc ne viens-tu plus rafraîchir ton âme aux sources vives de l'Evangile? ton cœur est si bien fait pour comprendre et ses sacrifices et sa résignation !

Pour se faire écouter volontiers des ouvriers, pour arriver à fixer leur attention, il faut une parole vraie, incisive et vibrante.

« Le peuple aime les gestes expressifs qui s'aperçoivent de loin et par-dessus les têtes. Il aime les voix chaudes et vibrantes. Soyez naturel avec lui, et ne faites pas le comédien. Si vous sentez des larmes couler dans vos yeux, orateur populaire, ne les retenez pas! Si quelque mouvement d'indignation bat dans votre poitrine, qu'il en sorte et qu'il se répande! Soyez vrai, remuant, pathétique. Interrogez et répondez, et interrogez encore. Ne cherchez pas la liaison des mots, mais celle des idées ; ou plutôt ne la cherchez pas si vous voulez la trouver, car la passion a sa logique plus serrée, plus entraînante encore que le raisonnement. Figures saisissantes, mouvements rapides entremêlés de repos, voilà l'éloquence qui convient, en tout pays, au peuple. En France, pays moqueur, ajoutez-y un peu d'ironie amère ou fine (1). »

Avant tout, faites-vous bien comprendre, soyez clair, et pour cela entrez dans leurs idées, dans leurs manières de voir, et puis reliez, soudez la pensée religieuse à quelques-unes de leurs pen-

____

(1) Timon, *Livre des orateurs.*

sées, aux bons instincts qui dorment en eux, aux sentiments qui font le plus vibrer leurs cœurs; après cela élevez, élevez les âmes en les détachant de la matière et des choses de la terre. Profitez des événements qui les impressionnent fortement, d'un accident, d'une catastrophe, d'un scandale, pour réveiller profondément dans leur cœur le sentiment du devoir, de l'honneur, de la probité et de l'humanité, et des applaudissements vous diront que votre parole a trouvé de l'écho. Jamais de ces phrases banales, vulgaires, qui glissent sur le cœur, et qui ne disent plus rien; quand vous le pourrez, appliquez les expressions qui leur sont familières aux choses de la religion. Ainsi, dites-leur, par exemple, qu'il faut mettre à la *Caisse d'épargne du Ciel;* que tous doivent nécessairement se faire membres de *la grande Caisse de retraite de l'Éternité*, et soyez sûr que tout le monde vous comprendra.

Avec les ouvriers comme avec tout le monde, du reste, il faut toujours procéder du connu à l'inconnu. C'est la méthode vraiment logique, mathématique, et non pas du métaphysique à l'embrouillé, comme on le fait souvent; montrez-leur d'abord la religion belle, bonne, aimable; puis vraie, divine, et concluez : Donc il faut l'observer. Oui, montrez-leur d'abord combien la religion est bonne : ce qu'elle fait pour eux, pour les pauvres, pour les enfants, pour tous ceux qui souffrent,

et puis ajoutez, l'affection dans le cœur, et le sourire de la bonté sur les lèvres : « Eh ! mes amis,
» allez, vous avez beau dire, vous avez beau faire,
» vous ne trouverez jamais mieux que la religion ,
» ce sera toujours votre meilleure amie... Quand
» vous aurez tout dépensé, quand le monde ne vou-
» dra plus de vous, quand votre corps sera usé par
» la vieillesse ou par la maladie, quand, par crain-
» te, on vous fuira comme la contagion, vous trou-
» verez encore au pied de votre lit pour vous bé-
» nir et vous soigner, un prêtre et une sœur de
» charité. »

Il est bon souvent de supposer les ouvriers tels
qu'on les voudrait, c'est leur faire plaisir, les relever à leurs propres yeux, et c'est une manière
excellente de les faire songer à des vertus qu'ils
avaient oubliées.

Mais surtout qu'on se garde bien de les supposer,
dans ses discours, impies ou incrédules, et de lon-
guement discuter avec eux sur le dogme, ce serait
une erreur et une maladresse. Les ouvriers, comme
tout le monde, ont respiré l'air de ce siècle, qui est
tout saturé de matière et de doute; mais ils ne sont
ni impies, ni incrédules : du reste, les incrédules,
vraiment incrédules, même au xixe siècle, sont bien
plus rares en France qu'on ne le pense; il y a des
hommes ignorants, faibles, très-faibles, mais des
incrédules, il y en a peu, très-peu. On s'est gravement mépris sur ce point, c'est ce qui nous a fait

tomber dans une polémique interminable, et nous a rendus quelque peu dogmatiques et querelleurs.

Entre le monde et nous la question n'est pas tant de savoir si on croira à la divinité de Jésus-Christ, aux mystères, aux miracles, etc., que de savoir si on vivra conformément à la morale de l'Évangile. Voilà le point difficile, voilà ce qui insurge le cœur et soulève ses répulsions; ce n'est pas l'esprit qu'il faut gagner le premier; vous ne convaincrez jamais un homme qui ne veut pas être convaincu, et c'est le cœur qui dit à la vérité : Viens, viens, je t'accepte, je te bénis; ou bien : Va-t'en, tu m'ennuies, je te maudis.

Il est si vrai que la question n'est pas une question dogmatique, que très-souvent on entendra dans l'intimité des hommes spirituels et francs vous dire en toute sincérité : Écoutez, il ne s'agit pas de disputer, retranchez de votre religion seulement quelques petits commandements de Dieu et de l'Église, que vous savez bien, et puis...... je suis des vôtres.

Il faut donc commencer par dire aux ouvriers qu'ils ont la foi, qu'ils sont chrétiens, qu'ils valent mieux qu'ils ne le pensent, et ils en seront flattés, consolés, et ils seront guéris de cette espèce d'orgueil qu'il y a à se poser en adversaire de la religion; on peut leur parler en ce sens : « Vous des » impies, mes amis, des incrédules, n'allez pas vous » le figurer ! Incrédules comme moi : pour être in- » crédule il faut être autrement cuirassé de malice

» et d'impiété que vous ne l'êtes; vous croyez tous
» quand vous connaissez bien la religion, et avec
» votre bon sens il vous est impossible de ne pas
» croire.

» Il est vrai que de temps en temps vous ne se-
» riez peut-être pas trop fâchés de n'avoir pas la
» foi, votre conscience s'en trouverait un peu plus
» à l'aise; mais vous n'en pourrez jamais venir là :
» on ne se dépouille pas de sa foi, de la foi de sa
» mère, comme d'un vêtement. Essayez de la re-
» pousser, elle revient tout-à-coup, et chassez-la
» par la porte, elle rentre par la fenêtre. Allez, je
» vous connais bien, vous avez beau faire les mé-
» chants, vous êtes meilleurs que vous ne voulez le
» paraître, et Dieu est plus près de vous que vous
» ne le pensez. Votre âme est semblable à ce grand
» pays, dont on a tant parlé dans ces derniers temps,
» qu'on appelle la Californie. Il y a quelques années,
» de pauvres tribus vivaient à peine sur son sol,
» parce qu'elles ignoraient qu'il cachait des trésors.
» Il y a des trésors aussi dans votre âme, mes amis,
» et vous ne le savez pas, vous l'ignorez; c'est pour
» cela que votre vie est parfois si malheureuse;
» remuez cette terre, et il en sortira des trésors
» de vertus. Oh! non, vous n'êtes pas incré-
» dules, vous êtes faibles, bien faibles, et c'est
» tout. Ce sont vos malheureuses passions, pour-
» quoi vous le dissimuler? qui vous entraînent,
» qui vous perdent; quoi donc! sera-t-il dit que

» vous aurez sacrifié à des choses aussi miséra-
» bles, aussi honteuses, votre part de bonheur,
» votre part du ciel ! Rapprochez-vous un peu de la
» religion. Dans vos moments de calme, vous dites
» quelquefois : Je ne veux pas mourir sans les se-
» cours de la religion ; si je me voyais malade, je
» ferais venir un prêtre. Eh bien ! préparez votre
» retour, corrigez telle et telle passion que vous
» savez bien, détruisez telle habitude qui empoi-
» sonne votre vie ; surtout ne scandalisez pas les
» enfants. Hélas ! vos enfants, souvent vous les per-
» dez, vous le savez bien ! au moins ayez pitié d'eux.
» Ayez pitié de votre femme aussi ; car, je vais le
» dire tout bas : on dit que quelquefois vous n'êtes pas
» trop commodes. Ah ! la pauvre femme, c'est bien
» assez de peines pour elle ; elle a bien assez souffert,
» elle a bien assez pleuré, etc., etc. » Voilà, il me semble, la marche à suivre avec les ouvriers, pour les
ramener peu à peu à la religion ; ils la comprennent,
elle va à leur cœur, et ils se laissent aller à la suivre.

Quant aux objections contre la foi, il ne faut pas
s'y arrêter longtemps ; il faut les réfuter par quelques
paroles incisives, piquantes, par quelques raisons
fortes et populaires, comme l'a si bien fait M. l'abbé
de Ségur dans ses *Réponses.*

Les ouvriers savent bien au fond la valeur de ces
objections ; ils ne s'en servent, la plupart du temps,
que comme d'un prétexte ; ils sont même parfois
étonnés de nous voir nous y arrêter si longtemps ;
ils aiment cette parole évangélique, qui n'a pas peur,

qui s'impose franchement et cordialement au nom de Dieu, qui n'admet pas les *si*, les *car*, les *mais*, et qui ne permet pas à l'homme d'ergoter, comme le pourrait faire un fils mal élevé à l'égard des ordres de son père.

En résumé, faites tout pour les intéresser et les instruire ; semez vos instructions de traits, de faits, de paroles piquantes qui réveillent l'attention et amènent même parfois le sourire sur les lèvres ; que ces instructions soient courtes et variées : un quart d'heure pour chacune, c'est souvent assez. Surtout, prenez garde de les ennuyer : oh ! l'ennui, voilà le grand ennemi de ceux qui parlent en public aujour-d'hui ; nous sommes devenus si légers, si mobiles que tout ce qui est trop sérieux nous ennuie, et le Français ne pardonne pas l'ennui ; il pardonne à tout le monde, même à ceux qui le volent ou qui se moquent de lui, pourvu qu'ils le fassent avec esprit ; mais il ne pardonne pas à ceux qui l'ennuient. Le plus sûr moyen d'échapper à ce mouvement, c'est d'être court. « Les longs discours nous ennuient, dit M. de Cormenin ; et lorsque le Français s'ennuie, il quitte la place et s'en va ; s'il ne peut s'en aller, il reste et cause ; s'il ne peut causer, il bâille et s'en-dort. » Et j'ajoute : il se dit à part lui : Je ne reviendrai pas. Donc, quand vous apercevrez que l'ennui les gagne, et cela s'aperçoit bientôt à leur extérieur et surtout à une certaine manière d'ouvrir la bouche, ayez la charité de ne pas les ennuyer long-temps, coupez court et finissez.

Les choses actuelles les intéressent davantage ; mais que la politique ne s'y mêle jamais : faites de ces ouvriers des hommes honnêtes et des chrétiens, et ne vous inquiétez pas du reste.

Quand ils l'auront mérité, ne leur ménagez pas les compliments ; par exemple, sur un appel ils sont venus en grand nombre, profitez de l'occasion, jetez-leur quelques paroles de l'âme en ce sens : « Merci, » merci, mes amis, du bonheur que vous nous ap- » portez ; ah ! on ne vous connaît pas vous autres, » on se défie de vous, quand on vous fait un appel, » on dit : Viendront-ils, ne viendront-ils pas ? On a » tort, la foi n'est pas encore morte chez vous : quelle » belle réunion ! quelle belle soirée ! laissez-moi » jouir un instant du bonheur de la contempler. » Une autre fois, quand vous les avez vus plus atten-tifs, quand vous leur avez parlé plus longtemps qu'à l'ordinaire, dites-leur : « Pardon, mes amis, j'ai été » trop long ; mais c'est bien un peu votre faute, vous » m'écoutiez avec tant d'attention ! je me suis laissé » aller au plaisir de vous parler. » Et ne craignez pas de leur donner de l'orgueil, de les élever trop haut, ils sont descendus si bas ! puissions-nous les pousser jusqu'au ciel. Du reste, interrogez votre âme, inter-rogez votre cœur, interrogez leurs besoins, inter-rogez le cœur de notre Seigneur Jésus-Christ, et vous trouverez de bonnes pensées à leur suggérer et la bonne manière de les dire.

Ces éléments, on le voit, peuvent se trouver par-

tout ; il y a même des campagnes où cette société
de Saint-François Xavier s'est établie. D'abord ce
n'était qu'une association de secours mutuels, et
puis, plus tard, on y a adjoint les réunions du
dimanche; elles ont lieu après les Vêpres, il y a des
chants, des loteries, en un mot, on intéresse ces
bons paysans, et on les empêche d'aller ailleurs.

Pour faire marcher une association de Saint-François Xavier, il faut un homme, rien qu'un homme ;
il donne l'impulsion, et le reste suit : et il faudrait
qu'une ville fût réellement malheureuse si, en présence de tant d'ouvriers qui souffrent, et qui se
perdent, il ne se trouvait pas un seul homme qui fût
en état de leur porter un secours réel et efficace.
Il y a, principalement dans les classes supérieures,
beaucoup d'hommes qui ont des talents et qui ne
savent qu'en faire ; voilà une admirable ;occasion.
Qu'on se pénètre bien de cette vérité : des avantages
de position , de fortune, d'intelligence, obligent
ceux qui les possèdent à des devoirs plus graves
et plus étendus. On nous dit tous les jours : Pour
sauver la France, il faut donner de la religion au
peuple, mais le moyen le plus efficace pour arriver
là, c'est de commencer par en donner aux *messieurs*.

Que de jeunes gens, surtout de bonne famille,
pourraient dépenser là ce trop plein d'affection,
cette exubérance de vie dont ils ne savent trop que
faire. Les ouvriers aiment le jeune homme, ils aiment sa parole franche, généreuse et à libre allure :

beaucoup de ces jeunes hommes ont une vertu chancelante, incertaine, que le monde et ses séductions battent en brèche ; qu'ils aillent parler aux ouvriers, par un sentiment de respect d'eux-mêmes, ils deviendront bientôt meilleurs, ils comprendront le sérieux de la vie, car ici la parole est charité, et la charité fait du bien à celui qui la reçoit et à celui qui la donne (1).

Voilà une œuvre qui doit faire réfléchir, auprès de laquelle il n'est permis à personne de passer avec indifférence. S'il y avait là un moyen de sauver des âmes d'hommes ! une seule âme d'homme même ! tant se perdent ! le négliger serait une impardonnable insouciance. Mais comme toujours on a des raisons pour ne pas l'établir... on ne manque pas de prétextes. Il y en a deux surtout qui , s'ils étaient examinés de près, s'appelleraient peur et paresse.

Oui, la paresse, c'est elle qui empêche souvent le bien ; il est vrai, on se la déguise à soi-même sous plusieurs raisons comme celle-ci : —On n'a pas d'é-léments. — Cela souffrirait des difficultés, il y aurait des obstacles. — Cela n'entre pas dans l'esprit de notre population.— Le temps n'est pas venu. — Plus tard on verra, voilà de grands événements qui se préparent, attendons, etc., etc.; banalités, vulgarités

____

(1) A Lyon, à Lille, il y a d'autres associations qui, sous le nom de Sociétés de Saint-Joseph, etc., font beaucoup de bien.

à l'usage de toutes les mauvaises volontés du monde,
vieilles friperies qui traînent depuis des siècles dans
les greniers de la paresse, et dont les gens d'esprit
eux-mêmes sont réduits à se servir quand ils n'ont
pas de meilleures raisons à alléguer. — Attendons.
— Oui, que le mal soit plus grand et que tout soit
perdu. Il y aura des obstacles, les esprits ne sont
pas préparés. — Certes, quand les Apôtres sortirent
pour prêcher l'Évangile, quand la menace se dressa
terrible devant eux, quand les coups de verges
tombèrent sur leurs épaules, ils pouvaient dire avec
bien plus de raison : Il y a des obstacles, les esprits
ne sont pas préparés, retournons à nos filets ; et
s'ils l'avaient dit, s'ils avaient attendu le moment favorable, le monde serait encore païen aujourd'hui.

Après la paresse, c'est la peur qui nous arrête.

Nous sommes vraiment dans le siècle de la peur ;
mon Dieu, qui nous délivrera de la peur ! On ne voit
que des gens qui ont peur, on a peur de tout, on a
peur de ses ennemis et peur de ses amis, on a peur
des étrangers et peur de ses voisins, on a peur de
ne pas réussir, on a peur des ouvriers, on a peur
pour son amour-propre, on a peur des moqueries
et des critiques, c'est en vérité bien là la question.

Quand les âmes se perdent, est-ce là le moment
de s'arrêter à une misérable vanité, et de songer
aux intérêts de son petit amour-propre? Ce serait
être semblable à cet homme futile et efféminé qui,
en voyant un autre se noyer, s'écrie : Je voudrais

bien le sauver, mais je ne le puis ; pour cela, il faudrait mouiller mes manchettes. Est-ce que nous ne savons pas tous ce qu'est l'esprit français? il faut qu'il critique, qu'il se moque un peu de quelqu'un, même de ceux qui lui font du bien ; c'est un besoin de sa nature, c'est une faiblesse, il faut bien la lui passer, il n'en a pas moins bon cœur.

On a peur des ouvriers surtout, on les entend parler haut, jurer, blasphémer, proférer des paroles obscènes ; et on dit : Vous voyez, vous entendez, il n'y a rien à faire avec ces gens-là, ils sont perdus ; et on se retire vite dans son coin. Mais prenez-y garde, s'ils sont perdus, vous êtes perdus aussi, vous, votre fortune aussi et la France aussi. Grâce à Dieu, les choses n'en sont pas là, parce que le fond vaut beaucoup mieux que l'extérieur. Il y a comme deux êtres dans l'ouvrier :... l'un qui boit, qui jure et qui s'emporte ; l'autre qui a du bon sens, qui compatit et qui se repent. Parler haut, blasphémer, dire des paroles grossières, souvent, dans son ignorance, il croit que c'est l'étiquette, le savoir-vivre de son rang, on ne serait pas *crâne* sans cela ; mais ne soyez pas effrayé, entrez un peu dans l'intimité de cet homme qui s'emporte, qui fait un vacarme d'enfer, n'ayez seulement pas l'air de croire à sa malice, donnez-lui un petit soufflet sur la joue, et dites-lui : Il ne s'agit pas de tout cela, voilà une bonne action à faire, voilà une personne à soulager ; tout-à-coup, il s'apaise et vous répond : Je ne demande pas mieux que d'y contribuer ; et vous trouvez sous cette dure écorce une nature souvent excellente, un homme charmant, un galant homme, comme on dit dans un autre monde. Oui, on se laisse trop vite effrayer par l'extérieur ; mais je le pardonne d'autant plus volontiers que j'ai été moi-même longtemps dans la même erreur. L'ouvrier français est un être vraiment étrange, c'est un inconcevable mélange de bonté et de faiblesse, de grossièreté et de délicatesse, de vice et de générosité ; il ne faut donc pas avoir peur de lui ni de personne : laissons une bonne fois la peur, elle n'est pas chrétienne. L'Évangile ne veut pas qu'on ait peur des hommes ; nous avoir peur, reculer devant des hommes, craindre la parole, les jugements, les moqueries des hommes, quand il s'agit de faire du bien ! ah ! c'est une pitoyable faiblesse ! Je veux bien aimer les hommes, je veux bien les plaindre, je veux bien leur tendre la main, mais je ne veux pas en avoir peur ! Est-ce que nous ne savons pas bien tous ce que c'est qu'un homme, ce qu'il vaut, ce qu'il peut, surtout quand il n'a pas Dieu pour lui ; quel que soit son talent ou son génie, nous pouvons lui dire : Va, je te connais, je sais ce que tu es, ce que tu vaux ; je n'ai pas peur de toi, tu es seul, et nous sommes deux, Dieu et moi. Non, n'ayons pas peur des hommes ; ce serait folie, surtout quand on songe à l'avenir ; regardez cet homme, dont vous craignez tant la parole, dont vous craignez même jusqu'au branlement de tête, comme dit

Bossuet ; cet homme qui se moque et qui brave aujourd'hui, dans quelques années, avant peut-être, la fièvre lui viendra, si toutefois Dieu veut lui faire l'honneur de le faire mourir de la fièvre, et de ne pas lui envoyer quelque hideux mal ; sa force l'abandonnera, il faudra le coucher et le soigner comme un enfant ; et, au jour dit, la mort descendra dans sa poitrine, on le roulera dans un drap, son corps sera porté au cimetière, et puis le silence se fera sur sa tombe ; et, si quelques années après on demande : Vous rappelez-vous un tel ? on répondra : Non ; ou bien : Oh ! si, je me le rappelle un peu, c'était un assez mauvais chrétien ; et c'est tout. Et voilà l'être qui nous fait peur, qu'on encense, qui nous empêche de faire le bien, auquel on sacrifie sa conviction d'honnête homme et de chrétien.

Il faut donc par la persuasion, par le bon exemple, par le dévouement, au nom de l'humanité, au nom de la pitié, au nom de la pudeur, retirer les ouvriers de ces antres de l'orgie, les rappeler à leur dignité, à la vie de famille, aux espérances du Christianisme : il le faut... ou bien qu'on ne vienne plus parler d'humanité, de bienfaisance, de philanthropie, de sa sollicitude pour les intérêts moraux et matériels des ouvriers ; à tout cela, je répondrai : Mensonge et impuissance ; à quoi bon tant parler d'amélioration ? Que sert-il de s'en aller crier : Charité, charité, si on laisse l'abjection et la misère, sous les plus hideuses formes, dévorer sous nos yeux le corps, l'âme et le cœur de tant de malheureux ?

Mon Dieu, quand donc comprendrons-nous nos véritables intérêts? quand donc aurons-nous l'intelligence et le courage de la charité? Je ne sais comment il se fait qu'on n'ait pas encore compris l'indispensable nécessité de tarir vite, bien vite, cette source de misère ; car si cet état de choses dure seulement pendant dix ans, nous aurons une pauvreté inouïe, une misère fabuleuse, et il ne se trouvera plus en France, dans ce pays si généreux, dans ce pays si fécond en ressources, de charité, d'économie politique , de science quelconque, qui puisse remédier à ce mal. Jetez le budget tout entier dans ce gouffre, et en quelques mois il sera dévoré. Avec cette marche, nous faisons de la misère à grandes journées, nous faisons de la faim et des haillons. Voyez ce qui se passe : un jeune homme se marie sans avoir rien amassé, il a même des dettes ; il prend pour sa compagne une jeune personne qui a consacré tous ses gains à sa toilette : voilà une maison qui va vivre au jour le jour, après cela, viennent des enfants, viennent une cherté, un manque de travail , vienne la paresse, et tout cela vient trop souvent, c'est une famille pauvre qu'il faudra nourrir. Et qui sait combien en sont là ?

Mais voici qui va encore bien plus vite en besogne : d'après un calcul donné à la Chambre des représentants, il y a, en France, environ 360,000 cabarets; supposons qu'il entre vingt personnes le dimanche dans chaque cabaret, et que chacune dépense un franc, c'est mettre les choses au plus bas, cela fait, par dimanche, 7,200,000 fr.; et le lundi, et le mardi, et les autres lieux de plaisir, et le temps perdu, sans parler du dégoût du travail, des pensées sataniques, de la rage qu'on amasse dans ces lieux, cela doit faire plus d'un milliard par an ; un milliard généralement pris sur les classes souffrantes et laborieuses ! Il est vrai que les habiles disent que cela fait marcher le commerce ; mais si cet argent était dépensé à donner du pain, des habits, des chaussures à ses enfants, à procurer un peu de bien-être à sa femme, à acheter des vêtements chauds, du bois à ses vieux parents qui grelottent, à payer les fournisseurs et le propriétaire, cela ferait également marcher le commerce, et la justice, et la pitié, et la moralité de plus.

Un milliard pris sur les classes souffrantes ! comment réparer cette perte ? qu'irons-nous faire après cela avec nos charités, nos sous, nos pièces de cinq francs même ? nous aurons l'air ridicule d'un homme qui s'empresse de venir éteindre un incendie avec un verre d'eau.

La France, c'est triste à dire, est aujourd'hui, sur ce point, dans l'état d'un homme qui est grevé de dettes, qui en est aux expédients, qui emprunte à gros intérêts pour reculer la catastrophe, qui s'enfonce de plus en plus dans l'abime, et auquel ses amis disent : Liquidez, liquidez, mettez ordre à vos affaires ou vous êtes perdu ! Oui, elle en est bien là, et si elle diffère de fermer cette source de misère, j'en ai bien peur, ce retard lui coûtera du sang, oui, du sang, parce que le mal va toujours en augmentant, il gagne, il gagne, et bientôt il aura pénétré jusqu'au dernier hameau de la France. Un jeune homme a quitté pur et candide son village ou sa petite ville, pour aller apprendre son état dans une grande ville ; son pasteur s'est donné mille peines pour le former au bien, sa mère l'a vu partir en pleurant, et lui a fait les plus touchantes recommandations. Il revient quelques années après, ce n'est plus le même homme, c'est je ne sais quoi, une manière d'impie et de libertin, qui jure, qui s'enivre, qui corrompt les âmes simples, qui pérore au cabaret, qui jette la boue à la société, à la religion, à tout ce qui a été respecté jusque là.

Si donc vous voulez réellement faire du bien à la France, moralisez les ouvriers, moralisez seulement un ouvrier, rendez un mari à sa femme, un père à ses enfants ; car cet homme, est-ce là un mari, est-ce là le soutien et l'appui de la compagne de sa vie ? Non, c'est son tyran... Est-ce un père, cet être qui s'en vient donner à ses enfants, dans l'ivresse, le spectacle de la déraison et de la stupidité, et qui désole, fait pleurer leur mère? Rendez à la famille son chef, son modèle, replacez sur la tête de l'homme sa couronne de roi du foyer domestique, et vous aurez bien mérité de Dieu et de l'humanité...

CHAPITRE X.

MORALISATION DES PAUVRES. — LA SAINTE FAMILLE. — L'ŒUVRE DE SAINT FRANÇOIS-RÉGIS.— L'ŒUVRE DES FAMILLES.

Voici encore une autre œuvre trop peu connue et aussi aimée de Dieu et des hommes ; c'est l'œuvre de la *Sainte-Famille*. Nulle n'est plus propre à atteindre le double but de la charité, qui est de rendre les hommes meilleurs et plus heureux.

On sait que les pauvres sont aussi souvent dépourvus des biens de l'âme que des biens du corps ; que le sentiment de la famille s'éteint chez eux ; les parents deviennent presque étrangers à leurs enfants, qui les abandonnent sans pitié. Eh bien ! cette œuvre se propose de les instruire, de les moraliser et de reconstituer parmi eux la vie de famille ; pour cela, elle enrôle tous les pauvres d'une paroisse ou d'un quartier, hommes, femmes, pères, mères, enfants, dans une grande association à laquelle on a donné le joli nom de *Sainte-Famille ;* c'est une espèce de congrégation de pauvres, mais on a eu la bonne pensée d'y faire entrer quelques ouvriers qui vivent à l'aise de leur travail.

La première réunion s'est formée à Saint-Sulpice, il y a quelques années seulement, par les soins des membres de la conférence de Saint-Vincent-de-Paul;

de là, elle s'est répandue dans différents autres quartiers de Paris, et même dans les villes de la province; et cette œuvre, partout, a produit les plus heureux résultats.

L'association de Saint-Sulpice compte environ 1,200 membres; elle est sous la direction d'un prêtre, d'hommes du monde et de dames patronesses; il y a également un bureau ou conseil; son président est M. Le Prévost, un homme tout charité, qui assure le succès d'une œuvre dès qu'il y touche.

Les réunions ont lieu deux fois par mois, dans la chapelle souterraine; les hommes sont à droite et les femmes à gauche; on assiste d'abord à la messe, pendant laquelle on chante alternativement des cantiques; et on lit les prières de la journée chrétienne. C'est vraiment édifiant de voir à genoux cette masse de pauvres, de vieillards, de femmes, d'enfants, prier dans l'attitude la plus recueillie; et, au milieu d'eux, des hommes et des femmes du monde qu'on distingue seulement à leur voile, qui viennent mêler leurs prières et leurs voix à la prière et aux voix de ces pauvres-gens.

Après la messe, on dresse un bureau devant lequel viennent se placer M. le Curé, s'il y est, le président, le prêtre directeur, le secrétaire, le trésorier et les invités, etc. Le prêtre directeur fait une instruction courte, familière, en rapport avec les besoins, les devoirs et l'intelligence de ceux qui l'écoutent.

Après le prêtre, le président prend la parole : c'est le père de famille qui s'adresse à ses enfants, aussi il parle vraiment en père ; il donne quelques conseils paternels à sa nombreuse et bien-aimée famille, il l'encourage, il la gourmande parfois cordialement, il ne lui ménage pas les compliments, quand elle les a mérités. Il exhorte à la paix, à la charité, à l'assistance mutuelle ; on l'écoute, la docilité sur le visage et le sourire sur les lèvres, on pleure quelquefois, et toujours on prend la résolution de devenir meilleur encore ; il faudrait avoir un cœur de bronze pour ne pas se sentir un peu attendri ; après cela, il recommande aux prières les affligés, les malades, les petits enfants qui sont nés à la sainte famille de la terre, et les morts qui cheminent vers la sainte famille du ciel ; s'il y a lieu, il ajoute même quelques paroles d'éloge funèbre.

On fait tout pour relever ces pauvres gens à leurs propres yeux, mais de la bonne façon. Il est admirable avec quel respect on les traite, afin de leur apprendre à se respecter eux-mêmes, et à ne rien faire qui puisse leur aliéner l'estime des honnêtes gens ; on leur a même témoigné une grande confiance, puisque six d'entre eux sont membres du conseil de l'œuvre. Jamais rien qui puisse le moins du monde les humilier, leur rappeler qu'ils font partie de la classe inférieure de la société. Quand on leur parle collectivement, c'est : *Mes amis, mes chers... mes bien bons amis ;* quand on leur parle in-

dividuellement, on n'oublie pas les titres qualificatifs. Ainsi le chiffonnier s'appelle *monsieur*, et la
balayeuse s'appelle *madame*, à pleine bouche, absolument comme une comtesse. Et Dieu a béni
tous ces efforts, toutes ces industries du cœur; un
bien inconcevable s'est opéré parmi eux; on ne les
reconnaît plus. Aux premières réunions, c'était une
masse informe de gens déguenillés, débraillés, à
figures sinistres, à ignorance humiliante pour les
amis de l'humanité; aujourd'hui, il y a sur toutes
les figures un air de décence, de bonté, de bonheur, je dirai même un air de prospérité qui fait
plaisir à voir. Hélas ! sans doute on ne corrigera
jamais tous les défauts, suites de la misère passée;
on ne fera pas disparaître toutes les traces d'insouciance et d'apathie chez ceux qui sont déjà
âgés ; quand la misère a enfoncé une fois ses doigts
d'airain dans un cœur, il s'en ressent toute sa vie ;
mais, certainement, leurs enfants ne leur ressembleront pas; de pauvres, ils deviendront d'honnêtes ouvriers, et c'est le but auquel nous devons
viser.

Enfin, après que le président a parlé, la parole
est à un laïque. Il fait un petit cours d'économie
domestique; il leur parle de leurs intérêts, de leur
vie ; il raconte un trait, une histoire, un voyage,
que sais-je? une chose qui les intéresse, et qui
amène toujours quelques bonnes vérités à leur
adresse. Des hommes distingués, de savants pro-

fesseurs, même de l'Académie de Paris, ne dédaignent pas de venir causer avec ces bonnes gens, de se faire petits avec les petits, de mettre leurs paroles à la portée des pauvres, qui sont tous fiers de la présence de ces hommes au milieu d'eux, et plus fiers encore de les comprendre.

Quand le discours est fini, ils chantent un cantique, pendant lequel on prépare le tirage de loterie; c'est un grand moyen pour les attirer : il faut d'abord parler au corps du pauvre avant de pouvoir bien parler à son âme; les choses sensibles l'impressionnent plus vivement, et nous en sommes bien tous un peu là. C'est humiliant à dire, mais il est beaucoup d'hommes dont les salons sont encombrés, qui n'auraient ni de si nombreux visiteurs, ni de si nombreux amis, s'ils ne donnaient jamais ni fêtes, ni dîners, c'est-à-dire s'ils ne parlaient jamais au corps. Dans la loterie se retrouvent encore les attentions délicates de la charité; les lots sont fournis, en grande partie, par les dames, c'est assez dire : dans l'hiver c'est une couverture de laine, un bon paletot, une paire de chaussure, etc.; dans l'été, c'est un chapeau de paille, une casquette, un fichu, un panier de fraises ou de cerises, des jouets et des bonbons pour les enfants; enfin, il y a un peu de tout ce qui peut être utile aux pauvres; on ménage même des surprises. Ainsi, on apporte mystérieusement de grandes boîtes de cartou qui contiennent chacune un lot; on tire le premier : c'est une pauvre bonne femme qui le gagne; elle se dépêche lentement de venir le chercher; elle plonge sa main dans la boîte, curieuse de connaître sa bonne fortune, et elle amène une belle et blanche colombe, qu'elle couvre de ses baisers, et qu'elle emporte avec joie pour en faire la compagne de sa solitude. On tire le second lot mystérieux : celui-ci est gagné par un grand et fort garçon, qui s'empresse de chercher dans le carton son gain, qu'il a toutes les peines du monde à trouver; enfin il le trouve, et c'est un tout petit jouet d'enfant qu'il remporte à sa place un peu décontenancé, ce qui provoque une douce hilarité dans toute l'assistance. Et qui pourra y trouver à redire? ces pauvres gens ont tant d'occasions de pleurer, qu'on doit être heureux de les voir sourire; et puis, ces moyens innocents leur font du bien, les intéressent, leur font chérir la sainte famille; ils y sont si attachés que chaque jour de réunion est une fête pour eux : il y en a qui n'ont pas d'autre bonheur que celui d'être membre de cette famille bénie de Dieu.

Après le tirage de la loterie, chacun se retire content; les dames patronesses se mêlent à la foule des pauvres, et s'en retournent en causant avec leurs bonnes femmes qui habitent le même quartier. Voilà la véritable fraternité; voilà qui est bien mieux pour une femme chrétienne que d'assister seulement à une petite messe de midi ou d'une heure, en ayant l'air de dire à Dieu : Mon Dieu, aussi peu et aussi tard que possible.

Les retours au bien ont été si nombreux que l'on a établi une retraite annuelle ; elle se fait dans les jours qui précèdent l'*Assomption*; les pauvres gens s'y rendent avec empressement, leur journée finie, sans même prendre le repas du soir. Ils chantent avec âme des cantiques, ils écoutent avec docilité la parole du prêtre. C'est un spectacle ravissant de voir leur attention recueillie, de suivre les impressions naïves de leur visage; aussi rien ne leur échappe, et ils finissent par devenir aptes à comprendre les plus hautes vérités, eux autrefois si ignorants ; leur intelligence se développe et leur cœur s'épanouit sous le souffle de la charité, et au jour de la communion, presque tous vont s'agenouiller dans l'attitude du respect à la sainte Table. Ils sont sincères dans leurs démarches, on sait qu'à Paris le vice dominant n'est pas l'hypocrisie, et ce n'est pas sans une agréable surprise qu'on a remarqué que souvent les hommes y sont en majorité. Et voilà à la place d'êtres paresseux, dégradés, dangereux peut-être, des hommes purs, laborieux, utiles à la société. Écoutons encore M. le Rapporteur : « J'ignore si la lyre d'un poète a pu, comme » le dit la fable, attendrir les rochers et charmer les » lions, mais j'ai vu l'éloquence d'un homme faire » un prodige à peu près semblable; j'ai vu, sous » ces voûtes mêmes où nous sommes réunis, des

» masses de peuple, de ce peuple des faubourgs
» de Paris, de ce peuple qu'on dit si insensible et
» si redoutable, fascinées par les charmes de la pa-
» role, suspendues, pour ainsi dire, aux lèvres
» d'un prêtre ; ce prêtre, qu'ils n'appellent pas au-
» trement que *le père*, dispose de leurs cœurs comme
» un général dispose d'une armée, et il consacre
» cette heureuse influence à détruire les préjugés,
» à réconcilier ceux qui souffrent avec la société, à
» faire bénir la religion, cette religion aussi néces-
» saire au pauvre peuple que l'est une eau pure
» à la plante qui se dessèche au soleil (1). »

Et ce prêtre c'est encore l'excellent Père Milleriot,
de la Compagnie de Jésus, qui est en même temps
chargé de la direction spirituelle de l'œuvre des ouvriers de Saint-Sulpice ; quatre fois par semaine il
est à leur disposition pour entendre leurs confes-
sions, il va les visiter chez eux et même jusqu'à
l'hôpital, il les aime et il en est aimé ; mais jamais
il ne leur donne rien, si ce n'est médailles, images
et chapelets, de peur de tenter leur faiblesse et de
les exposer à recourir à son ministère par des vues
intéressées.

Deux fois la semaine on fait le catéchisme aux
enfants, aux femmes, aux hommes qui n'ont pas
encore fait leur première communion ; la honte ne
les empêche plus d'y venir.

____

(1) Rapport 1850.

Ils ont aussi une bibliothèque de 3,000 volumes qui est ouverte, quatre fois par semaine, à des heures connues; c'est une occasion de les voir, de leur être utiles, de les consoler dans leurs peines.

Les choses étant en pleine prospérité, on a même loué une maison pour en faire le refuge des vieillards, des invalides de la *Sainte-Famille;* chaque ménage a son appartement séparé, mais il y a une chambre commune pour se chauffer, travailler et prier ensemble, de sorte qu'il est facile au prêtre ou au laïque charitable de les réunir pour leur faire une bonne lecture ou leur dire quelques mots d'édification. Cette maison de refuge leur est d'autant plus chère qu'ils sont censés la soutenir eux-mêmes; à chaque réunion ils donnent un sou à cette intention, mais cette somme est bien insuffisante; des âmes généreuses viennent à leur secours...

Enfin, ce qui est bien plus consolant, ces pauvres gens meurent tous de la mort la plus édifiante, eux qui sans la *Sainte-Famille* fussent morts ignorants et abandonnés dans un grenier, qui sait, dans un ruisseau peut-être.

Voilà une œuvre propre à moraliser les masses, à rapprocher les différentes classes de la société; voilà ce qui s'appelle faire la charité avec intelligence, et tarir la misère dans sa source; voilà ce qui s'appelle aimer.

C'est ici plus que jamais que l'on doit se dire: Pourquoi cette œuvre n'est-elle pas plus répandue?

pourquoi n'y aurait-il pas une *Sainte-Famille* dans chaque ville de France ? il y a des pauvres partout. La chose est si simple et les dépenses sont minimes, parce que la charité y gagne considérablement ; et puis on peut la modifier suivant les besoins et les exigences des lieux, la rendre plus ou moins religieuse, suivant les circonstances, et séparer même les hommes des femmes, comme cela se pratique à Metz. Il est facile de trouver des éléments ; certes, ce ne sont pas les dames patronnesses qui manqueraient, et toute ville peut fournir les deux ou trois hommes de dévouement que réclame cette œuvre (1).

Chaque église a au moins une chapelle, ne fût-ce que la chapelle des catéchismes ; le jour fixé, le bureau, les dames patronnesses et les pauvres se réuniraient autour de l'autel : c'est leur messe à eux, au moins qu'ils y aient la place d'honneur ; le reste des fidèles, s'il y en avait, se tiendrait plus éloigné ; après la messe, le prêtre directeur ferait son instruction, etc., etc., et les pauvres s'en retourneraient contents et édifiés.

Eh ! qu'on ne s'avise pas de dire que le temps manque, qu'on a d'autres devoirs ; à quoi donc donner son temps ? que peut-on faire de mieux pour la gloire de Dieu et le bien de l'humanité ? L'instruction des pauvres, voilà le premier devoir

____

(1) L'œuvre de la Sainte-Famille existe déjà à Tours, à Besançon, à Metz, à Melun, à Périgueux, etc., etc.

du chrétien, du prêtre surtout, l'Écriture semble
même borner là toute la mission de notre Seigneur
Jésus-Christ : « Nous sommes les ministres des
pauvres, dit saint Vincent de Paul à ses prêtres ;
c'est là notre capital, le reste n'est qu'accessoire. »
L'instruction des pauvres, c'est une des grandes
choses de la religion, suivant la parole sacrée. —
C'est une preuve de la vérité du Christianisme à
l'égal des miracles; il faut que cette preuve soit
encore vivante parmi nous. Nous avons été malheureux du côté de l'apostolat de la parole, il produit souvent peu d'effet sur l'intelligence usée par
les raisonnements. Essayons de ce nouveau moyen,
le monde en sera frappé. Le dévouement est si rare,
on n'y croit presque plus ; mais quand le monde
verra quelqu'un qui travaille, qui se sacrifie, sans
attendre d'autre récompense que celle de l'éternité ;
il sera étonné, ce sera pour lui comme une espèce
de miracle. Que le prêtre soit à la tête de toutes les
charités, et son dévouement fera sur les âmes
comme une impression divine. « Ce n'est pas tant
» l'érudition antique qu'il faut au monde, que le
» retour de la charité antique, que cet amour
» qui faisait dire des premiers chrétiens : « Voyez
» comme ils s'aiment. » Vous avez beau écrire de
» beaux ouvrages, il ne les ouvre pas et les pousse
» seulement du pied; vous faites pour lui de beaux
» sermons dans les cathédrales, il n'y va pas, ou
» ne s'y rend que par un caprice de fantaisie lit-

» féraire. Pour toucher son cœur, il faut agir.
» Un trait de dévouement fait plus sur lui qu'un
» discours.

» Enfin, la vanité n'est pas notre moindre dé-
» faut. La controverse n'est plus un moyen de
» s'éclairer, mais une passe d'armes où on ne croit
» pouvoir reculer sans déshonneur. Dans le fait,
» pour s'avouer vaincu par une doctrine, pour je-
» ter à ses pieds tout son bagage d'érudition, de
» raisonnement, de théories, il faut non-seulement
» de la bonne foi, mais de l'humilité véritable. Pour
» convenir que, jusqu'à ce jour, on n'a rien com-
» pris aux rapports de l'homme avec Dieu, de
» l'homme avec le temps, de l'homme avec l'éter-
» nité, de l'homme avec lui-même, qu'on a vécu
» d'illusions, tout en croyant se nourrir de la vé-
» rité; qu'on a été un rêveur, tandis qu'on se
» croyait un homme positif, il faut sur soi-même
» un empire bien rare aujourd'hui. Mais sentir de
» l'émotion à la vue de l'héroïsme d'une femme
» chrétienne, à la vue du dévouement d'un prêtre,
» de la charité d'un homme bienfaisant, de cette
» émotion conclure la sainteté, puis la divinité de
» la doctrine qui enseigne de telles choses, voilà
» ce qui ne blesse personne, ce qui n'irrite aucun
» amour-propre, ce qui ne fait aucune violence à
» la vanité; voilà par conséquent ce qui se vérifie
» tous les jours (1). »

(1) M. Baudon, *Appel à la charité.*

Cette instruction des pauvres doit réellement faire réfléchir, et la conscience devrait s'inquiéter, car il y a là une indispensable obligation.

On ne peut pas compter, pour leur enseignement, sur les instructions qui sont adressées à tous les fidèles, la plupart du temps ils n'y assistent pas : chose désolante à dire, même dans les villes les plus religieuses, c'est à peine si les pauvres vont à la messe le dimanche, et c'est presque toujours à une petite messe; si d'aventure ils assistent à une grand'messe, ils se tiennent loin de la chaire, dans un coin, dans une chapelle, du côté des confessionnaux; ils se trouvent trop mal vêtus pour se montrer en public; et encore eussent-ils entendu le sermon, ils n'y ont absolument rien compris, c'est trop relevé pour eux. Interrogez-les, et ils vous répondront des choses ineffables, qui vous amèneraient le sourire sur les lèvres si ce n'était si sérieux. Il leur faut des instructions spéciales. Non, les pauvres ne sont pas instruits aujourd'hui en France, ils ne comprennent pas même l'utilité, l'importance de la religion, ils ont besoin de quelqu'un qui leur explique tout cela en détail; et avec la *Sainte-Famille*, les dames patronnesses, et les membres de la société de Saint-Vincent-de-Paul rempliront très-bien ce ministère. Ils sont si peu instruits que, il faut bien le dire, il y a aujourd'hui parmi nous des masses de païens. Nous envoyons des prêtres dans les régions lointaines, chez les sauvages et chez les infidèles, pour leur porter la lumière du Christianisme; c'est bien : honneur à ces apôtres de l'Evangile! mais, en vérité, pour trouver des païens à convertir il n'est besoin d'aller ni dans la Chine, ni dans l'Océanie; il y en a au milieu de nous. Pour être chrétien, il faut croire en Jésus-Christ; comment y croiraient-ils ? ils ne le connaissent pas ; il s'en trouve même qui ne sont pas baptisés : c'est une honte. A Paris, cette ignorance est encore plus désolante que partout ailleurs; il est facile de s'en assurer par ce qu'ils vous répondent en toute franchise. Dès là que vous avez gagné un peu leur confiance, interrogez une famille, et vous verrez bientôt quelle est sa science religieuse. Demandez à la femme : Eh bien! avez-vous encore un peu de religion? allez-vous encore quelquefois à l'église? elle vous répond hardiment : Oui, j'ai toujours eu de la religion, mais je ne suis pas du tout *cagote ;* je ne passe jamais une année sans aller, au moins une fois, à l'église. Et à l'homme : Et vous, mon bon père, allez-vous aussi quelquefois à l'église? — Il n'y a pas bien longtemps que j'y ai été, répond-il, il n'y a pas plus de quatre ou cinq ans, quand j'allai à l'enterrement de mon père. — Et vos enfants sont-ils tous baptisés? (Notez qu'ils sont déjà grands.) — Pas tous, on n'a pas eu encore la commodité de les conduire à l'église. — Et comment êtes-vous marié? — Je ne blâme pas ceux qui se marient à la mairie, à l'église (grand merci), mais je trouve que les choses vont aussi bien sans tout cela, quand on est tous deux d'accord ; et puis *quand on ne s'entend pas, chacun s'en va de son côté ; ça vaut bien mieux que de se chamailler.* Voilà des choses comme on vous en répondra ; bien heureux encore si, quand vous parlerez de la religion, on ne vous dit : *Est-ce qu'il en est encore question ? je la croyais partie avec l'ancien régime.*

C'est un fait malheureusement trop certain, qu'un grand nombre de ces pauvres gens s'étaient habitués à regarder le soleil comme le seul Dieu.

Voilà des païens à convertir, à civiliser, voilà une sainte mission à remplir ; car que l'on demande à qui l'on voudra, aux Sœurs de la Charité qui les connaissent et les visitent, aux membres de la société de Saint-Vincent-de-Paul, à tous ceux qui ont un peu d'expérience : Mais quelle est donc la cause de cette misère, de cette paresse, de cette immoralité, qui dévorent la classe malheureuse ? Partout on vous répond : « C'est parce qu'ils ne connaissent pas la reli- » gion du bon côté, parce qu'ils ne la connaissent que » par des préjugés ou des blasphèmes. » Pour être moral, le pauvre doit être nécessairement chrétien, et la moralité, c'est tout pour lui ; ôtez la moralité, et le pauvre, cette chose sacrée, ne sera plus qu'un être vil et abject, et la charité, ce plus beau sentiment du cœur de l'homme, qu'un encouragement au vice et à l'hypocrisie.

Du reste, ce n'est pas seulement pour le pauvre

que la religion est une condition essentielle de moralité, c'est pour toutes les classes; et aujourd'hui encore nous ne vivons que des restes et des débris de la morale évangélique qui nous avait gouvernés depuis longtemps. La société, en France, est semblable à ces familles autrefois riches, et aujourd'hui pauvres, mais qui ont encore conservé quelques débris de leur opulence passée. De temps en temps on porte chez l'orfévre un couvert d'argent, un bijou, etc., et avec cela on se procure le pain de chaque jour; mais, ces ressources épuisées, la misère sera affreuse : voilà où nous en sommes...

On n'entend parler partout que de moralisation des classes malheureuses, que d'amélioration des masses. Mais il est douteux qu'on comprenne ce que veut dire ce mot : améliorer, ce n'est pas simplement donner plus copieusement à boire et à manger; améliorer, ce n'est pas donner une demeure plus commode, un habit plus somptueux; améliorer, c'est changer l'âme; améliorer, c'est faire que l'homme fainéant soit laborieux; améliorer, c'est faire que l'homme débauché soit sobre; améliorer, c'est faire que le père libertin nourrisse sa famille, que l'homme imprévoyant devienne rangé et économe; en un mot, améliorer, c'est aller au fond de l'âme, c'est la révolutionner, et mettre à la place d'un être paresseux, libertin, avide du bien d'autrui, un homme laborieux, sobre et juste, qui se suffise à lui-même. Pour arriver là, évidemment il ne faut

pas s'en tenir aux moyens extérieurs , comme on
le fait habituellement. Qu'on me passe le mot, tout
cela n'est que du badigeon, rien que du badigeon.
En architecture comme en morale, notre siècle est,
hélas ! le siècle du badigeon. Un homme découvre
tout-à-coup, dans les murs de sa maison , des lézardes affreuses, des crevasses béantes; il frémit,
il tremble des pieds à la tête : Vite, dit-il , qu'on
fasse venir des ouvriers , qu'on couvre tout cela
d'un fort badigeon bien jaune, et que je n'en voie
plus rien. Puis il rentre dans le calme et il dort
tranquille comme à l'ordinaire : vous le trouvez
sans doute facile à rassurer. Eh bien ! nous l'imitons
tous les jours. D'affreuses crevasses, d'épouvanta-
bles lézardes se montrent dans l'édifice social, et
l'on s'écrie : Vite, bien vite une loi, une augmen-
tation de personnel dans la gendarmerie, dans la
police, dans les prisons , le tout aspergé de beaucoup d'éloquence, etc., etc. C'est bien , si ce n'est
qu'un moyen d'aller plus loin ; mais si vous en restez là, c'est du badigeon, rien que du badigeon, et ne
soyez pas surpris de voir l'édifice s'affaisser sur lui-
même, et tomber dès-là qu'on le touchera du bout du
doigt. Allez à la source du mal, tarissez la source du
mal, allez au cœur, changez les cœurs ; ne renfer-
mez pas le loup dans la bergerie, il y fera un affreux
carnage et, tôt ou tard, il saura bien briser la porte
pour en sortir(1).

(1) Les vrais moyens de moralisation viennent d'être parfaite-

Eh bien ! c'est dans ces associations, dans ces réunions, qu'il est possible de toucher les âmes, d'améliorer réellement les classes souffrantes, de leur apprendre à se résister à elles-mêmes et à leurs mauvais penchants; à aimer le travail, l'ordre et l'économie, et à s'arracher une bonne fois aux bras de la misère.

Il est vrai, il nous en coûtera un peu, *il faudra bien faire quelques sacrifices*; on aime sa liberté; le dimanche, on aime à disposer de son temps; l'un dit: Moi, je fais ma partie; l'autre dit: Moi, je passe le dimanche en famille; un troisième: Je vais à la campagne. Tout cela n'est pas défendu, mais, pendant ce temps-là, bien des êtres souffrent, et le mal nous dévore. Ne faut-il pas, dans les grandes circonstances, savoir s'imposer de grands sacrifices ?

Du reste, ce qui doit nous encourager, c'est que ce genre de bien n'est pas du tout impossible; des faits historiques éclatants sont là pour le prouver. Depuis dix ans environ que l'on s'occupe plus activement de ces classes, il y a eu un commencement d'amélioration très-sensible, et un rapprochement consolant de la religion. Ce n'est plus cette haine sourde, implacable, qui existait il y a vingt ans; on s'en souvient, au moment de la Révolution de Juillet, les masses se ruèrent sur l'Archevêché, sur l'église Saint-Germain-l'Auxerrois, sur bien d'au-

____

ment développés dans un petit livre publié par M. Grün, rédacteur en chef du *Moniteur universel*.

tres édifices consacrés à la religion. La Révolution de Février arrive, et le peuple, en général, se montre calme, digne et juste : il est le maître absolu, il n'y a plus ni gardes nationales, ni soldats de ligne ; il n'y a de police que celle que chacun fait ; eh bien ! les propriétés sont respectées, les églises sont ouvertes, les offices y sont célébrés. On sait l'histoire de ce crucifix trouvé aux Tuileries et porté dans une église, au milieu des hommages de la foule. Donc ne perdons pas courage, il y a encore du bon dans ce peuple français, il est encore possible de le rappeler à la justice, au bon sens et à la modération.

Il est encore une autre œuvre de moralisation des classes pauvres et qui surtout les rappelle à la vie de famille. C'est la Société de S. F. Régis, dont le but est de procurer aux indigents les pièces nécessaires pour les marier civilement et religieusement, pour les retirer d'une vie de concubinage et légitimer leurs enfants.

Cette Société éminemment charitable a été établie en 1824 par M. Gossin, ancien conseiller à la cour d'appel de Paris ; elle s'est propagée dans un grand nombre de villes tant de la France que des pays étrangers, et depuis sa fondation elle a concouru à la célébration de plus de 50 mille mariages et à la légitimation de plus de 30 mille enfants. Mais elle ne s'est pas bornée là, elle veut encore donner l'instruction morale et religieuse à ses protégés, en faire d'honnêtes ouvriers et de bons chrétiens...

A Paris la Société de S. F. Régis a établi des conférences sur les vérités de la religion. Elles ont lieu tous les dimanches, et il n'y a d'admis que les personnes patronnées par la Société, et c'est plaisir de voir avec quelle attention ces pauvres gens écoutent les exhortations qui leur sont adressées ; aussi une fois chaque année on leur distribue des récompenses... Ces récompenses consistent en draps de lit, couvertures de laine ou de coton, chemises, robes, pantalons, lits de sangles, etc.

Le mari et la femme qui ont suivi exactement les conférences recoivent un prix double.

Les plus consolants résultats ont été obtenus, écoutons M. le Président de la Société qui en est aussi le fondateur :

« Les pauvres qui s'adressent à la Société de S. Régis sont assurément pour la plupart du nombre de ceux dont les mœurs sont plus corrompues, et cependant il s'en faut bien qu'il n'y ait rien à faire pour les ramener à une vie honnête, régulière et religieuse.

» Il y a parmi eux des familles qui sont désespérées de vivre dans le vice, et qui n'y sont retenues que par l'impossibilité de se procurer leurs papiers ou de régulariser ceux qui sont défectueux; à ces familles il ne manque que le mariage : leurs dispositions morales et religieuses ne laissent rien à désirer.

» Le plus grand nombre, sans doute, ne donne pas autant de consolation ; mais ces familles mêmes ne sont point insensibles au soin qu'on prend de leur instruction. Avec beaucoup de douceur, de temps et de patience, on peut les changer notablement.

» Tous les sentiments de vertu ne sont pas éteints chez ces pauvres gens, et les sentiments de la nature qui semblaient eux-mêmes détruits dans leurs âmes reprennent leur empire dès que ces pécheurs repentants ont entendu bénir la réhabilitation de leur union.

» Nous sommes, chaque jour, les heureux témoins de cette vérité. Un homme et une femme ont le malheur de vivre dans le désordre, un ou plusieurs enfants sont issus de leur intimité ; ces enfants, ils les ont déposés, dès le moment de la naissance de chacun d'eux, à l'hospice de Enfants-Trouvés. Huit ou dix ans se sont écoulés ; ni le père ni la mère n'ont songé à retirer de cet asile, où la mortalité est effrayante, les déplorables et innocents fruits de leur incontinence. Ces pauvres gens sont poussés par la Providence à notre Société, et les voilà enfin mariés. Quel est alors leur premier besoin et l'objet de leur première supplication, c'est la remise de leurs enfants. Depuis dix ans, cet homme et cette femme n'avaient rien fait qui pût faire penser que le premier était père, et que le titre de mère appartenait à sa compagne ; ils sont mariés, et à l'instant tous les sentiments de la nature se réveillent en eux. Hier ils étaient pauvres; aujourd'hui qu'ils sont mariés, la pauvreté est encore leur partage. Comment expliquer cette résurrection du sentiment de la paternité? C'est un miracle de la religion. Le nœud qui unissait l'homme et la femme a été béni par Dieu, et cet homme et cette femme, redevenus père et mère, bénissent à leur tour les enfants de la naissance desquels ils n'auront plus enfin à rougir. Tout n'est donc pas perdu dans des âmes qui sont susceptibles d'une si étrange et si subite transformation.

» Ce phénomène est d'autant plus remarquable qu'il se renouvelle tous les jours, et qu'il est sans exemple, depuis vingt-cinq ans, qui est à peu près l'âge de la Société de Saint-Régis, qu'un seul couple ayant reçu la bénédiction nuptiale ait laissé jamais aux hospices un enfant légitimé, et qu'il n'en ait pas fait la réclamation à l'instant même.

» Que de fois n'avons-nous pas été attendris jusqu'aux larmes en voyant des familles réduites aux dernières limites de la misère continuer à partager leur pain avec un ou deux orphelins, malgré la présence de nombreux enfants qui semblaient réclamer pour eux-mêmes tout le produit du travail opiniâtre de la famille !

» Oui, il y a du bon et du très-bon dans les familles de Saint-Régis. Nous avons pu, plus d'une fois, remarquer en elles de grandes vertus : la patience, la résignation, la charité, l'humble reconnaissance des grâces de Dieu et le sincère repentir des fautes passées. Nous n'hésitons donc pas à déclarer que tout disciple de Saint-Régis et tout imitateur de son zèle pour le salut des âmes trouvera, dans les soins spirituels et temporels qu'il rendra à cette classe particulière d'infortunés, d'amples sujets de mérite et des occasions très-fréquentes de s'édifier et de s'animer de plus en plus à la pratique des grandes et des petites vertus que la religion catholique peut seule inspirer. »

Mais, j'ai besoin de le dire en finissant, à qui revient la plus grande part de cet apostolat de la moralisation des classes inférieures? A la femme chrétienne. Si elle peut beaucoup pour le bien du corps, elle peut bien davantage pour le bien de l'âme; oui, c'est la femme chrétienne que Dieu a destinée à être le bon ange, le bon génie de tant d'hommes qui s'égarent; elle peut exercer une si grande influence sur eux, parce que Dieu lui a donné l'insinuation, la douceur, la grâce, le charme de la parole; parce que, comme l'a fort bien dit M. de Cormenin, « elle touche par tous les points au peuple : elle touche à ses vieillards sur le grabat, à ses épouses en couches, à ses jeunes filles, à ses petits enfants, à ses misères, à sa faim, à ses blessures, à ses désespoirs, à son âme; elle y touche par le travail qu'elle lui procure, par l'éducation qu'elle lui donne, par les plaies de son corps qu'elle panse, par les vêtements dont elle le couvre, par l'argent qu'elle lui met dans la main, sans qu'il s'en aperçoive. » Elle, plus que tout autre, peut recruter et entretenir toutes ces associations, y pousser des hommes qui n'y songeaient pas; on ne pourra la refuser : elle sait si bien trouver les voies mystérieuses qui conduisent au cœur!

Du reste, cet apostolat de la femme n'est pas chose nouvelle dans l'Église; et, je le dis avec un profond sentiment de reconnaissance, la femme fut toujours un puissant auxiliaire du prêtre dans la rédemption de l'humanité. Il y a longtemps que saint Paul louait avec effusion de cœur le zèle de ces femmes admirables dont les maisons furent à Rome, à Corinthe, à Athènes, les premiers temples où s'immola l'auguste et sainte Victime. Jamais ce zèle de la femme chrétienne n'a fléchi. « Dans toute l'histoire évangélique, dit M. de Maistre, les femmes jouent un grand rôle ; et dans les conquêtes célèbres, tant sur les nations que sur les individus, on voit presque toujours figurer une femme. »

Il y a treize ou quatorze siècles, une femme, une reine, parla de son Dieu à son mari encore païen et barbare; elle osa bien, elle en eut le courage, et Clovis, au sein du danger, se rappela le Dieu de Clotilde, l'invoqua, et, après avoir gagné la victoire, se fit baptiser. Qui sait si ce n'est pas à cette femme que la France doit l'honneur d'être la nation très-chrétienne? Qui sait si ce n'est pas à cette femme qu'elle doit toute cette civilisation, tous ces progrès dont elle est si fière aujourd'hui?.....

C'est une pensée bien vraie et bien chrétienne qu'a exprimée Michel-Ange dans sa sublime peinture du Jugement dernier : à la droite du Christ, du côté des élus, il a placé un groupe de femmes qui s'élèvent de la terre et montent au ciel, non pas seules, mais en emportant des hommes avec elles ; elles les poussent, les portent, les tirent, et semblent heureuses de plier sous leur fardeau... Grâce à Dieu, cette pensée du grand artiste se réalise encore parmi nous aujourd'hui ; que de femmes sont le salut de ce qui les entoure! et bientôt il y en aura davantage, je l'espère; beaucoup qui n'y songeaient pas voudront réclamer leur part dans ce glorieux apostolat des âmes...

Un des moyens les plus efficaces pour rendre meilleur l'homme du peuple, c'est de faire que sa femme soit ce qu'elle doit être, c'est-à-dire morale, laborieuse et économe. Mais, pour cela, il faut lui aider, à la pauvre femme, elle porte une si lourde part dans le fardeau de la famille! Elle souffre de ses peines et des peines des autres, et souvent personne pour la soutenir et la consoler!...

Une association formée, il y a quelques années, à Bordeaux, et encouragée par Mgr l'Archevêque, est très-propre à obtenir ce but... c'est l'association des *Mères de famille*. Les femmes qui en font partie se réunissent, tous les dimanches, sous la direction d'un prêtre, de membres de la société de

Saint-Vincent-de Paul et de dames bienfaitrices. Là, on leur fait une instruction à leur portée, et appropriée à leurs obligations. Plus que personne elles ont besoin d'être éclairées et encouragées : la multitude des soins, des embarras, des chagrins qui surviennent et des inquiétudes pour l'avenir les accablent souvent; alors abandonnées à elles-mêmes, n'ayant de rapport qu'avec des personnes qui se trouvent dans la même position, elles ne songent qu'à leurs peines, se désolent, se désespèrent, oublient leurs devoirs, ou les remplissent sans goût et par contrainte. Au contraire, le courage, la résignation , la dignité qu'elles ont recueillis dans ces instructions, elles les rapportent au sein de la famille, et en reversent une partie sur leur mari et sur leurs enfants.

Il y a aussi une caisse de secours mutuels pour le temps de la maladie; chaque personne reçoit douze sous par jour, avec les visites du médecin et les médicaments gratis. Les dames bienfaitrices de l'œuvre les visitent, et , si besoin en est, elles désignent une associée pour venir passer la nuit auprès de la malade; si elle meurt, il est pourvu à sa sépulture et à son enterrement, et toute la confrérie est convoquée pour assister à une messe, qui se célèbre pour le repos de son âme : voilà encore une œuvre à établir.

O femmes, voyez quelle sublime mission vous avez à accomplir ! voyez tout le bien que vous pouvez faire ! Je ne vous demande qu'une chose, c'est de ne pas l'oublier, c'est d'y songer avec votre cœur ; car votre grand malheur à vous, c'est d'oublier. Rappelez-vous que, pendant que vous vous plongez dans tous vos riens, pendant que vous vous occupez d'une toilette avec le sérieux d'un homme qui traite une affaire d'État, pendant que vous vous bercez dans vos imaginations, vos rêves, dans certaines paroles murmurées à votre oreille par des hommes futiles, pendant que, pour mieux contempler vos traits, vous vous tournez et retournez devant une glace... le monde souffre autour de vous, la faim dévore, la misère accable, l'orphelin crie, la mère pleure, la maladie tourmente, l'immoralité ronge, la haine maudit... et le sang peut-être... Je n'achève pas, votre cœur vous dira ce qu'il faut faire.

CHAPITRE XI.

LES SOLDATS.

Il est une autre classe d'hommes à aimer, à couvrir d'une affection chrétienne, car ils en sont vraiment dignes : ce sont les soldats ; sur ce point l'oubli est grand. C'est pour eux surtout qu'on peut dire que nous sommes sans pitié ni merci... Un soldat. il nous le semble presque, c'est un être voué au mal, qui n'a plus droit ni à la vertu ni au ciel ; et cependant nul n'est plus digne d'intérêt, nul n'a plus besoin de religion.

Un jeune homme à la fleur de l'âge, au milieu des rêves et des illusions de la vie, est arraché à son pays, à ses frères et à ses sœurs, à son père et à sa mère qui le couvre de ses baisers et de ses larmes, et puis jeté tout-à-coup au milieu d'hommes étrangers, inconnus, et soumis à la plus sévère discipline. C'est ainsi qu'il passera les sept plus belles années de sa vie; voilà son avenir brisé, cet avenir auquel on tient tant, auquel on sacrifie tant dans un autre monde; qui sait même si jamais

il reverra le toit paternel ? Est-ce qu'il n'aurait pas
besoin d'un peu de consolation, d'une espérance,
d'une compensation? car le soldat français n'est pas
un être insensible ; en endossant l'uniforme il n'a
pas rejeté les plus beaux sentiments du cœur de
l'homme : croyez-vous qu'il a oublié son pays, son
vieux père et les dernières paroles de sa mère ? Oh !
non ; sous un extérieur bruyant il cache souvent un
grand fond de tristesse. Pour soutenir son âme, il
lui faudrait ce grand sentiment chrétien qui dit : Tu
accomplis un devoir, tu en seras récompensé; il y a
là-haut un Dieu qui consolera ce que tu as laissé
si triste.....

Il a bien la gloire de servir sa patrie, de la protéger contre ses ennemis, c'est beaucoup sans doute;
mais pour le simple soldat les résultats en sont
bien peu positifs : pour remporter des victoires, il
souffre, il combat, il s'expose à la mort ; mais la
gloire revient aux chefs, ce sont eux qui obtiennent
l'avancement, les décorations, etc. Ce n'est pas la
faute des hommes, ils ne peuvent pas mieux faire;
mais laissez du moins espérer au militaire que le
grand Chef des cieux saura bien, lui, discerner tous
les mérites, et couronner tous les braves.

D'un autre côté, les secours religieux lui sont
absolument indispensables. Que voulez-vous que
fasse un tout jeune homme sans l'appui de la religion, avec des passions ardentes, jeté au milieu de
l'oisiveté, des mauvais discours, des mauvais exem-

ples d'une caserne? comment résister? Pour être
moral, un soldat doit être chrétien; privé de secours religieux, il va se dégrader, contracter de détestables habitudes, vouer son existence aux passions et au remords, s'exposer à empoisonner la vie
de ses parents, et peut-être attirer sur lui quelques-
uns des châtiments d'une inflexible discipline. Il
faut donc au moins, en compensation de ce qu'il
fait et de ce qu'il souffre, lui donner un peu de
Christianisme, lui donner sa part de bien-être moral, pendant qu'il donne, lui, son temps, ses plus
belles années à la défense de son pays. C'est non-
seulement charité, c'est justice.

Mais on dira peut-être : Que voulez-vous demander
à un soldat en fait de religion? Est-ce qu'il peut être
chrétien dans sa caserne avec la vie de militaire?
Eh ! pourquoi pas? il y a bien plus d'éléments de
Christianisme qu'on ne le pense dans un soldat.
D'abord sa vie d'obéissance, de discipline et de sacrifices, va parfaitement à l'Évangile; et quoique la
capote du soldat soit bien différente de l'habit du
prêtre, il y a plus d'un rapport entre eux.

« Je ne sais, dit un célèbre orateur, si votre at-
» tention a été frappée, comme la mienne, par la
» ressemblance, par la presque-identité entre deux
» personnes qui paraissent le plus distinctes et le
» plus contraires, je veux dire entre le prêtre et le
» soldat : ni l'un ni l'autre ne vit pour soi; ni
» l'un ni l'autre ne vit pour sa famille; pour l'un

« et pour l'autre la gloire est dans l'abnégation,
» dans le sacrifice. La charge du soldat est de
» veiller à l'indépendance de la société civile ; la
» charge du prêtre est de veiller à l'indépendance
» de la société religieuse. Le devoir du prêtre est
« de mourir, de donner sa vie, comme le bon Pas-
» teur, pour ses brebis ; le devoir du soldat est de
» donner, comme un bon frère, sa vie pour ses
» frères. Si vous considérez l'âpreté de la vie du
» prêtre, le sacerdoce vous paraîtra, et il l'est en
» effet, une véritable milice ; si vous considérez la
» sainteté du ministère du soldat, la milice vous
» paraîtra comme un véritable sacerdoce. Que de-
« viendraient le monde, la civilisation, l'Europe,
» s'il n'y avait ni prêtres ni soldats (1) ? »

Aussi le sentiment religieux est facile à réveiller
dans le militaire français. Nos soldats de l'expédi-
tion de Rome ont si bien compris les efforts de prêtres dévoués pour les ramener à la pratique de la
religion, que le glorieux chef de l'Église lui-même
a dit *que beaucoup pourraient servir d'exemple aux
religieux*. On sait le mot de ce bon militaire malade
qui, craignant d'être oublié et d'être privé de bénédiction dans une visite que le Saint-Père fit à l'hôpital, criait de toutes ses forces : *Par ici, par ici,
mon Pape !*

Une fois revenus à Dieu, ils sont vraiment admirables ; ils se privent pour faire la charité, et

(1) Discours de M. Donoso Cortès.

l'un d'eux porte assidûment à son confesseur pour les pauvres les quelques sous qu'il reçoit chaque semaine, en lui disant : *Voilà ma bouteille.*

C'est le soldat surtout qu'il ne faut pas juger sur l'extérieur : il est vrai, il boit, il jure, il dit de sales paroles ; mais il croit que c'est l'usage du métier. Pris en masses et dans la chambrée, ils ne semblent pas valoir grand'chose, mais pris individuellement et rendus à leur véritable nature, ils deviennent bientôt d'excellents sujets. Il y a souvent chez eux tant de loyauté, tant de franchise ! ils sont faibles, sans doute, ils font des fautes, mais ils vous désarment par leur bonne volonté, lorsque vous êtes sur le point de les gronder. En dehors de toute espèce de confession, ils s'accusent et ils se condamnent rigoureusement les premiers. Si on leur dit : Mais, pauvre enfant, vous avez été entraîné par les autres, sans doute? Pas du tout, vous est-il répondu, ne le croyez pas, c'est moi qui ai entraîné les camarades ; aussi, quand je me confesserai, vous aurez soin de me donner une *fameuse pénitence.*

Déjà beaucoup de bien a été fait aux militaires ; des œuvres de soldats ont été établies dans un grand nombre de villes de France, et ce n'est plus chose rare de les voir se confesser et communier. Ces œuvres ont été surtout commencées par un homme de foi et de cœur, M. Germainville, de Bordeaux. Encore dans la vigueur de l'âge, il a abandonné un commerce florissant pour s'occuper uniquement du bien-être moral des soldats ; et il leur consacre son temps, ses forces, sa fortune, son cœur, toute sa vie. Il a parcouru une partie de la France pour y propager son œuvre, et toujours il est prêt à aller porter, là où on l'appelle, le secours de son dévouement et de son expérience ; il connaît à fond les soldats, il les aime, et il trouve parmi eux des cœurs aimants ; car la reconnaissance est encore une de leurs vertus. C'est plaisir de le voir au milieu de ses *chers enfants* ; il encourage celui-ci, il réprimande celui-là, il serre la main à tous, et il n'oublie pas de s'informer de la brebis égarée : chacun lui raconte ses joies et ses peines, comme on ferait à l'égard d'un père. A Paris, où il réside maintenant, sa maison leur est toujours ouverte ; il ne paraît heureux que quand il est entouré de soldats ; il va les voir même dans leurs casernes ; on dirait que loin d'eux la vie lui est insupportable. Sans doute il a rencontré bien des obstacles, mais dans sa foi de chrétien de l'Église primitive, il appelle cela des bénédictions, et il dit qu'avec du dévouement et de l'abnégation on peut tout pour le bien, *que, du reste, les hommes ne sont pas aussi diables qu'on les fait.*

A Lyon, M. l'abbé Faivre s'est dévoué avec un zèle admirable à l'instruction des militaires ; il leur a consacré son cœur de soldat et de prêtre, et il leur parle un langage qui est toujours compris, parce qu'il va à leur âme ; son œuvre est connue sous le

nom de *Bibliothèques militaires.* Il forme maintenant plusieurs prêtres à l'exercice du saint ministère auprès des soldats. A Metz, l'œuvre est très-
florissante, sous la direction de M. l'abbé Michaux ;
il en a eu jusqu'à 800 sur ses listes.

Pour former une œuvre de militaires, il y a différentes manières de procéder : la plus facile et la
plus commune, je crois, c'est d'ouvrir une école du
soir dans un local attenant, autant que possible, à
une église ou à une chapelle, ce qui donne à l'œuvre
un caractère religieux, et dispense de demander la
permission aux chefs ; cependant quand l'œuvre est
commencée, il est bon d'en dire un mot aux prin-
cipaux : au colonel, au général, par exemple, afin
qu'ils soient parfaitement renseignés. L'école est
faite à ces militaires par des membres dévoués de la
société de Saint-Vincent-de-Paul ; les gens de bonne
volonté ne manquent pas. Il est beau de voir de
jeunes hommes de fort bonnes familles, comme
M. Ernest de Rayneval, frère de l'ambassadeur à
Rome, M. Anatole de Ségur, auteur du *Dimanche
des Soldats,* et nommé depuis peu à la préfecture de
la Haute-Marne, donner aux militaires une partie
de leurs soirées d'hiver ; il n'est pas moins beau de
voir un grave docteur de l'Université, une baguette
à la main, apprendre à un simple soldat le nom des
lettres de l'alphabet tracées sur un tableau, ou bien
lui apprendre ses prières, qu'il lui fait répéter mot
à mot, absolument comme la mère qui apprend à

prier à son petit enfant. On ne sait lequel des deux admirer le plus : ou la patience du maître, ou l'humilité de l'élève.

L'école fournit l'occasion de faire des instructions morales et religieuses aux soldats ; c'est, en résumé, le but définitif de ces réunions ; elles ont lieu surtout le jeudi et le dimanche. Il est à désirer qu'elles soient faites par un prêtre ; le jeudi, elles se font dans la classe ; le dimanche, on se réunit dans une chapelle : on commence d'abord par chanter les petites Vêpres, puis un cantique, après vient l'instruction, et enfin le Salut ; tout cela est chanté par les militaires eux-mêmes ; et, au risque de passer pour peu connaisseur, je dirai franchement que j'aime mieux des Vêpres chantées par 200 soldats, que toute la musique des cathédrales.

Les Vêpres finies, on se voit, on cause, on joue, on lit, on se promène ; il s'établit des rapports d'intimité qui rappellent quelque chose des joies simples et douces de la vie de famille. Qu'ils sont bien mieux là qu'au cabaret, où ils vont dépenser un argent qu'ils ont si souvent extorqué à leurs parents, en exploitant leur crédulité ou même la peine qu'ils ont de se voir séparés de leur enfant ! Aussi, quand les chefs sont bien instruits de ce qui se fait dans ces réunions, non-seulement ils les tolèrent, mais ils les encouragent, ils savent que ce qui y est enseigné, c'est le devoir, c'est la discipline : c'est que l'on veut faire du soldat, comme le dit M. de Maistre,

« un brave jeune homme qui croit en Dieu, et qui n'a pas peur du canon. »

Cependant une classe ne suffit pas toujours pour attirer les soldats, beaucoup se croient assez instruits, et d'autres, arrivés au régiment sans avoir rien appris, pensent qu'il est trop tard de commencer ; l'école serait un ennui pour les uns, et pour les autres, ils se trouveraient exposés aux dangers de l'oisiveté et du cabaret. Il faut donc avoir à côté de la classe une salle, avec quelques jeux, quelques livres, qu'ils puissent même emporter chez eux ; mais pas de journaux. Que la politique ne vienne jamais se mêler à votre œuvre ; ce serait pour elle un véritable dissolvant, et faites en sorte que les feuilles publiques, même bonnes, n'en parlent jamais.

Après les instructions, viennent souvent la confession, la communion ; c'est quelquefois la première de toute la vie, et c'est un jour de fête partout : fête pour eux, fête au ciel, et fête dans la famille, à laquelle on s'empresse d'apprendre la bonne nouvelle ; la mère, surtout, n'en peut croire ses yeux, elle lit et relit plusieurs fois en pleurant la lettre de son fils, et il faut voir ces bons militaires demander pardon à leurs parents, dans les lettres les plus touchantes, des peines qu'ils leur ont causées !

J'aime mieux ces lettres que celle qui vient encore demander de l'argent, ou bien que celle qui vient apprendre, hélas ! que dans l'état d'ivresse il s'est oublié, qu'il a insulté un de ses chefs, que pour cela il est envoyé en Afrique dans les compagnies de discipline, ou bien condamné à quatre ou cinq années de prison ; ce qui recule d'autant le jour où il devra revenir à la maison paternelle.

Pour réussir à former une œuvre de militaires, la première chose à faire, c'est de viser à avoir un bon noyau, composé de soldats pieux, actifs, pleins de bonne volonté, auxquels on apprend le zèle pour le salut de l'âme de leurs compagnons d'armes ; après cela, l'œuvre marche : c'est la boule de neige qui va toujours roulant et grossissant. On peut alors admettre indistinctement tout le monde ; l'exemple des uns gagnera les autres. Mais ne faites jamais annoncer publiquement votre école dans les casernes, il vous viendrait une foule de mauvais sujets qui tourneraient en ridicule, qui persécuteraient ceux qui se montrent chrétiens ; ne donnez jamais d'argent et n'employez jamais, pour les attirer, l'attrait d'une récompense matérielle ; mais faites vos plus gracieuses politesses à vos clients : soyez bon et charitable pour eux, c'est tout.

Voici comment s'est formée la première réunion de Bordeaux. Un instinct secret poussait M. Germainville à s'occuper du salut des militaires, et il n'en connaissait pas un ; un jour, c'était le premier janvier, il entre dans une église, il voit un soldat debout, les bras croisés, il s'approche de lui, le fait asseoir, après l'office on cause, on se comprend, on se met en rapport, et voilà l'œuvre fondée...

La chose est encore plus facile aujourd'hui; il y a peu de régiments où il ne se trouve des militaires qui aient fréquenté les classes et les réunions de l'œuvre; ils en connaissent donc déjà tout le mécanisme, ils y sont même déjà si habitués que quand ils ne la trouvent pas dans une ville, ils en sont affligés, et ils vont trouver l'évêque pour lui demander quel est le prêtre qu'il juge le plus capable de les diriger. Car, on le conçoit, pour le militaire il y a une direction toute particulière; sa prière, d'abord, il ne peut la faire en public, et de manière à provoquer les moqueries de ses camarades, il la fera dans son lit ou ailleurs; la messe du dimanche, il n'y peut toujours assister; il serait bien à souhaiter que dans une chapelle particulière on dît une messe à l'heure où ils sont le plus libres. Au moins qu'on leur recommande de ne pas manquer à la réunion du soir, aux Vêpres et au sermon; quand l'instruction est faite pour eux, qu'elle soit en rapport avec leur manière d'envisager les choses. Le soldat est habitué à la vie bruyante de la caserne, aux accents énergiques et remuants de la musique militaire; qu'il y ait donc dans les cantiques et dans les instructions quelque chose de vivant, de chaleureux, d'entraînant, qui fasse palpiter leur âme, ou les intéresse doucement et amène le sourire sur les lèvres; à tout prix, il faut chasser l'ennui. En leur parlant

avec bonté de leurs souvenirs d'enfance, de leurs
parents, on réjouit leur âme et on gagne leur confiance. Les instructions simples et claires sont les
meilleures ; empruntez des comparaisons, des images à la vie militaire ; s'il se présente une bonne vérité à dire, ne craignez pas de la leur jeter à la face,
elle ne les fera pas reculer : ils sont Français partout,
devant la vérité comme devant l'ennemi ; plus que
qui que ce soit, ils sont capables de la recevoir à
bout portant, en pleine poitrine, et sans sourciller,
et souvent ils font mieux encore, ils en profitent.

Il est impossible de dire tout le bien qui a été
fait ; beaucoup de ces soldats sont maintenant déjà
d'excellents pères de famille ; il y en a qui sont
Frères des Écoles chrétiennes, quelques-uns même
sont prêtres, et l'un d'eux est missionnaire en
Chine ; aussi nosseigneurs les évêques se sont em-
pressés d'introduire l'œuvre dans leurs diocèses, et
il serait bien à désirer que le nom du prêtre qui s'occupe des soldats dans chaque ville fût bien connu,
afin qu'on pût lui adresser ceux des militaires qui
changent de garnison et qui font partie de l'œuvre,
et même les jeunes conscrits qui quittent la maison
paternelle ; car maintenir ces soldats dans la voie
du bien, c'est faire une action bien méritoire dans
l'Église de Dieu. Rien de plus édifiant pour les fidèles et pour les impies même, que de voir des
soldats prier avec recueillement, se confesser, communier. A Paris, on est vivement frappé, c'est là

un grand exemple ; dans une paroisse de la banlieue ils ont ramené le monde à l'église, qui était devenue complétement déserte. On prêchait le mois de Marie, et les soldats seuls y assistaient ; au commencement on se moqua bien un peu d'eux, mais ils ne se laissèrent pas déconcerter, leur persévérance étonna, les femmes furent prises de honte et revinrent à l'église, et puis les hommes suivirent.

Mais ce n'est pas tout ; plus tard ils retourneront dans leur pays, et un soldat qui rentre au village, c'est une autorité, sa parole est écoutée ; s'il est mauvais chrétien, par ses exemples et par ses discours il ébranlera la croyance de ces braves gens, et il traînera après lui le vice et la corruption. De la corruption ! il y en a déjà bien assez dans les campagnes, il y en a déjà bien trop, hélas ! Ah ! respectons les restes de ces mœurs simples, et songeons que, chaque année, 80,000 soldats rentrent dans leurs familles. S'il est chrétien, sa vertu fera une impression profonde, on s'étonnera de voir un militaire pratiquer la religion ; on se dira : Quoi ! il va encore à la messe, il se confesse, il communie ! la religion est donc pour tous une bien grande chose ! Et on l'aimera davantage. Et lorsque plus tard il sera entouré de ses enfants, le monde verra en lui un des plus beaux spectacles qu'il lui soit donné de voir, un vieux défenseur de la patrie, *sans peur et sans reproche* devant Dieu et devant les hommes.

CHAPITRE XII.

LES BIBLIOTHÈQUES.

Enfin, voici encore un autre moyen, et souvent, hélas! c'est le seul praticable aujourd'hui, voici un autre moyen d'aimer les hommes, de les rendre meilleurs et plus heureux, d'aller à l'âme et d'y tarir la source du mal. Ce moyen, c'est l'établissement de bibliothèques.

Voilà de toutes les voies la plus simple pour l'apostolat à domicile : un livre pénètre, se glisse partout, même au sein de la famille, jusqu'au foyer domestique, où on l'accueille souvent comme un ami, et il a le droit de tout dire; on reçoit de sa page discrète une vérité qu'on ne recevrait de personne au monde. Il peut jeter dans un cœur une bonne pensée, un bon sentiment; et qui sait jusqu'où peut aller le cœur qui a reçu cette semence? Ce serait donc un grand acte de charité, d'humanité, d'établir dans chaque ville, dans chaque paroisse même de la campagne où on lit, et c'est bientôt

partout, une bibliothèque composée de livres bons
et intéressants; car pour beaucoup d'hommes, en
France, c'est le seul moyen de retourner à la vérité
et à la vertu, sans cela ils périront; les passions les
dominent, les préjugés les aveuglent, les intérêts
de la terre les absorbent, ils ne viennent plus guère
à l'église, la soutane du prêtre est quelquefois un
épouvantail pour eux, et notre parole, dans les villes surtout, va se perdre dans la solitude du temple sacré, au milieu de quelques femmes seulement; c'est à peine si nos grands orateurs attirent
la foule en passant, et encore elle se défie de leur
parole, elle soupçonne là quelque intérêt humain.
C'est donc vraiment pour des masses d'hommes la
dernière espérance, la dernière planche de salut, la
mèche qui fume encore. Oh! qu'elle ne s'éteigne
pas, qu'elle brille et qu'elle aille porter la lumière
et les consolations de l'Évangile à quelques-uns de
nos frères ! N'eussions-nous sauvé qu'une âme, ce
serait déjà un bien grand prix pour nos peines; une
âme sauvée, mon Dieu! une âme qui nous devra
d'être pour toujours heureuse, et qui, du haut du
ciel, priera pour nous !

Du reste, de ce côté nous ne sommes plus libres,
de par Dieu et de par la charité, nous ne pouvons
pas reculer; c'est là une question de vie ou de mort;
le mal s'est emparé de la presse, il en a fait la plus
redoutable puissance, la plus terrible machine qui
jamais ait été dressée contre Dieu et contre l'hu-

manité ; il faut bien le suivre sur ce terrain pour l'y combattre, sous peine de passer pour des hommes qui s'abdiquent et qui désespèrent de leurs croyances. Le mal s'est servi de la presse pour porter l'erreur dans les chaumières, dans les ateliers, dans les salons, surtout dans les salons ; il n'a pas attendu qu'on vînt le chercher, il a été et il va encore aujourd'hui de porte en porte, semant partout le vice, sous les formes les plus séduisantes et les plus enchanteresses ! Le bien, c'est son devoir, doit aussi aller de porte en porte, être toujours derrière le mal, le serrer de près, pour lui disputer les cœurs, pour verser la vérité dans l'oreille qui vient de recevoir le mensonge, pour frapper de son glaive les passions et les sophismes, pour démasquer les erreurs, et pour crier à l'humanité : N'en crois rien ; ce n'est pas vrai, c'est faux ! voilà comme je conçois les devoirs du bien, comme je conçois la charité.

On parle beaucoup d'humanité, de charité, fort bien ; mais, prenez garde, tout cela impose aujourd'hui de terribles obligations ; le mal fait beaucoup, il faut que vous fassiez au moins autant que lui. Pouvez-vous boire ce calice ? vous en sentez-vous la force ? Le mal s'est fait populaire et est partout, le bien doit être populaire aussi et être partout ; le mal est accessible à tous et toujours prêt à leur donner audience, que le bien ait toujours sa porte ouverte aussi, qu'il ne fasse pas trop le grand seigneur ; l'homme ne veut plus attendre. Un mauvais livre entre dans une maison, qu'un bon l'y suive; un mauvais livre pénètre dans un atelier, qu'un bon livre y pénètre en même temps, et qu'il devance le mal dans la chaumière du pauvre : voilà la charité, autrement les populations échapperont à la domination de la vérité et, plus tard, quand elle se présentera, on la traitera comme une étrangère, peut-être comme une intrigante. Le mal a multiplié ses moyens, nous devons multiplier les nôtres, si nous voulons lui tenir tête, ou bien nous serons vaincus. La face du monde est changée. Autrefois on naissait et on vivait dans une atmosphère de Christianisme; quoiqu'il y eût des passions, le courant des croyances entraînait l'homme, bon gré, mal gré; aujourd'hui il n'en est plus ainsi. En présence de ces hardiesses de la parole, de ces attaques dirigées contre les choses les plus saintes, les populations hésitent et ne savent plus trop quoi penser. Envoyez-leur le bon livre qui les rassure, qui les replace dans le calme de la foi et les porte à reprendre leur vie de travail et de résignation.

Propager les bons livres, c'est non-seulement charité, mais c'est justice, oui, justice, même de la part des honnêtes gens; ils doivent au moins aider à réparer le mal qu'ils ont laissé faire, et, disons-le tout bas, le mal qu'ils ont aidé à faire par la presse. Ici il y a de quoi s'humilier profondément, il y a de quoi cacher dans ses deux mains la rougeur de son front. Oui, nous avons aidé à faire une bonne partie du mal que nous voyons. Je ne veux pas entrer dans les détails, il y aurait des choses trop pénibles à dire, et on ne peut se défendre d'un sentiment de compassion pour qui s'est laissé aussi cruellement tromper.

Il y a quelques années, une littérature légère, immorale, échevelée, a inondé la France de productions où tout ce qui est respectable était attaqué, insulté, bafoué, souvent en beau langage, il est vrai, et ce n'était que plus dangereux. Eh bien! il ne s'est pas élevé, même du sein des honnêtes gens, un cri de réprobation pour dire à cette littérature : « Misérable, quoi ! tu ne rougis pas d'acheter la fortune et la gloire par la démoralisation de tout un peuple! Va, tu n'auras ni l'une ni l'autre ; il ne sera jamais dit que mon argent a soldé la corruption de mon pays. » Non, il ne s'est pas élevé, ce cri qui eût dû être dicté par le vieux bon sens français.

Que dis-je? les honnêtes gens eux-mêmes ont été au-devant de ces livres et de ces feuilles, ils les ont introduits chez eux, ils les ont dévorés, et puis les ont laissés traîner sur les tables, dans les salons, dans les chambres, sur les comptoirs, sous la main des domestiques et de qui a voulu les lire. Ils ont semblé dire à ces écrivains : Voilà de l'argent, courage, courage ! allez ramasser de la boue et du

sang, du sang et de la boue, jetez tout cela à la
face de la France entière, et vous aurez de la gloire,
de l'or, des équipages, des châteaux.

Il y a peu, très-peu d'honnêtes gens en France
aujourd'hui, qui puissent se dire : Je suis innocent,
je n'ai pas fait cela ; nul de ces livres, nulle de
ces feuilles n'est entrée chez moi ; combien, au
contraire, se sont abonnés à certain journal, uniquement à cause du feuilleton ! et quand on a essayé de les éclairer, quand on leur a dit : Mais ce
que vous faites, c'est un crime ; vous démoralisez,
vous perdez la société ! ils vous ont répondu assez
légèrement : Oui, il y a bien quelque chose à dire,
mais c'est plein d'intérêt, il y a du neuf, il y a de
l'imprévu ; *c'est très-amusant.*

Malheureuse légèreté ! sera-t-elle donc toujours
notre fléau ? Quand donc comprendrons-nous qu'il
y a autre chose à faire que de s'amuser ? quand donc
aurons-nous le courage de résister à un caprice
pour le bien de l'humanité ?

C'était amusant ! Mais ce qui a suivi, est-ce encore
amusant ? Mais cette misère, mais ces haillons qui
se promènent dans nos rues, est-ce encore amusant ? Mais cette démoralisation et ces haines qui
rongent les âmes ; mais la menace qui pèse sans
cesse sur la tête de la France, est-ce encore amusant ? Mais le sang qui a coulé dans nos rues......

Je n'achève pas. Ah ! puisse tout cela ne pas retomber sur nous! puisse Dieu, et je l'en prie de toute mon âme, ne pas nous imputer toutes ces fautes et tous ces désespoirs!

Il y a des hommes qui vous disent aujourd'hui d'un air étonné : Mon Dieu! est-il possible qu'il y ait sur la terre de si détestables doctrines? où les masses ont-elles donc pu apprendre ainsi la science du mal? Si on ne les plaignait et si on n'aimait ces hommes, si on ne craignait de briser le roseau à demi rompu, on leur répondrait : Tout cela, elles l'ont appris dans la littérature que vous leur avez servie vous-mêmes, dans la compagnie de ces débauchés, de ces scélérats, de ces forçats et de ces prostituées avec lesquels vous les avez fait vivre; car, vous le savez bien, les romans, après avoir fait leur fortune avec les régions supérieures de la société, se sont mis à la portée des plus petites bourses, se sont donnés pour quatre sous et ont été porter aux masses toutes ces doctrines qui nous désolent.

Nous sommes vraiment étranges! Qu'un homme, dans un livre de philosophie ou de métaphysique, soutienne des thèses erronées ou atroces en style indigeste que peu de personnes liront, on se récrie et on ferme sa porte à cet ouvrage, ou du moins on a soin qu'il ne tombe sous la main de personne. Qu'un autre plus habile soutienne les mêmes thèses aussi erronées, aussi coupables, mais en style élégant, saisissant, en ayant soin de les envelopper dans un de ces faits dramatiques que l'on ne peut pas abandonner sans avoir connu le dénouement, on ne trouve plus ce livre dangereux, on lui fait un gracieux accueil, on l'achète et on fait en sorte qu'il soit mis à la portée de tous. Aussi il faut avouer que les méchants nous connaissent bien, et qu'ils ont fait leur métier avec talent et audace, et pour ne rien dire de plus, ils ont dû nous trouver bonnes gens, faciles à vivre et faciles à tromper. N'a-t-on pas vu la femme elle-même, dont le tact est si fin et si délicat, saisir et dévorer ces pages qui lui arrachaient sa couronne d'honnête femme pour la placer sur la tête d'une femme dégradée? Et on dit même qu'elle attendait avec impatience le feuilleton du lendemain, pour voir la suite des succès et des triomphes de sa rivale. Ce que cette littérature a bouleversé de têtes, ce qu'elle a tué de nobles sentiments, il est impossible de le dire; et je demande pardon aux mères de citer un fait incroyable, celle qui en a été la victime et qui en a demandé pardon à Dieu et aux hommes, veut que je le cite, pour montrer jusqu'à quel point la femme qui se laisse égarer par son imagination peut oublier les plus beaux sentiments du cœur humain.

Je venais de donner les derniers secours et les dernières consolations de la religion à un jeune homme de dix-sept ans, dont les talents faisaient concevoir les plus belles espérances; le pauvre enfant était dévoré par la fièvre, il n'avait compris que peu de chose à ce qui avait été fait. Je me retirai dans un salon pour attendre le moment favorable de lui dire encore quelques mots de Dieu avant son entrée dans l'éternité ; la mort était imminente. Dans ce salon était la mère de ce jeune homme, femme très-recherchée dans le monde, et passionnée pour la lecture des romans du jour ; il y avait aussi le reste de la famille et deux ou trois médecins. — On disait peu de chose, quelques-uns pleuraient. Après un long silence, je vis la mère de ce jeune homme qui allait expirer, se pencher à l'oreille d'un des médecins et je l'entendis distinctement lui adresser ces questions : Docteur, avez-vous lu le journal aujourd'hui?

— Oui, Madame.

— Avez-vous lu le feuilleton ?

— Oui, Madame.

— Oh ! dites-moi donc ce qu'est devenue telle personne dans le pavillon du jardin (je me rappelle parfaitement le nom de ce personnage du roman, mais je ne veux pas le citer), mon Dieu ! dit-elle, que je voudrais bien savoir ce qu'elle est devenue ! Voilà les questions qu'elle osait bien faire pendant que son fils agonisait là, près d'elle ; et il faut rendre cette justice au médecin, qu'il répondit à peine et se leva pour s'en aller auprès du malade. Il fallut la mort de cet enfant pour lui faire comprendre les aberrations de son imagination, qu'elle déteste aujourd'hui. Faut-il s'étonner après cela si l'impression a été si terrible sur les masses, si toutes leurs idées ont été bouleversées et si tant de ravages ont été faits dans les cœurs !

C'est donc justice d'établir des bibliothèques pour réparer le mal qui a été fait, pour en empêcher les suites. On lit beaucoup aujourd'hui, on lit tout ce qui tombe sous la main, et on choisira toujours, de préférence, les livres qui ne coûtent rien. C'est de plus un moyen d'empêcher la propagation des mauvais livres, car souvent la littérature n'est qu'une spéculation, une affaire de commerce : il y a tant d'hommes qui n'écrivent que pour gagner de l'argent, qu'il ne sera pas difficile d'en trouver pour composer de bons livres, si les bons livres leur rapportent davantage. Voilà le commerce qu'il faut surtout faire marcher, et non pas celui des nouveautés, des comestibles, des fleurs et des rubans, etc.; par là on peut changer la face de la France.

Mais on va me dire : Pour établir des bibliothèques, il faut de l'argent, et où en trouver? Oui, il faut de l'argent et ce n'est pas tant pis, parce que c'est une occasion de faire faire le bien. Grâce à Dieu, sur cette terre de France, la question d'argent n'est jamais une difficulté insurmontable ; ce qui manque le plus souvent, c'est un homme de bonne volonté. L'argent est rare aujourd'hui, mais je ne sais si la bonne volonté n'est pas plus rare encore ; souvent les populations ne demandent pas mieux que de bien faire, pourvu qu'on leur montre ce qu'il y a à faire. On les accuse; savez-vous bien qu'elles nous accusent aussi, nous? Nous voudrions bien entreprendre quelque chose, disent-elles, mais nous n'avons pas d'hommes pour se mettre à notre tête. Qu'il se trouve donc un homme qui le veuille, mais qui le veuille comme doit vouloir un chrétien; que cet homme aille leur dire, avec force et suavité, les raisons d'agir, le bien que l'on pourrait faire, le mal que l'on pourrait empêcher par la propagation des bons livres; qu'il leur fasse part de toutes ses pensées et de tous ses projets, comme un père qui parle à ses enfants, et puis qu'il ajoute : « Mais, nous n'avons pas d'argent, nous avons compté sur votre charité, et nous n'avons pas eu tort : c'est un fonds solide, nous le savons; ce sera votre œuvre à vous, ce sera l'œuvre de tous. » Qu'il fasse ensuite un appel à leur générosité; qu'il dise qu'on recevra le sou du pauvre et de l'ouvrier avec la même reconnaissance qu'on recevra la pièce du riche.

Oh! alors, vous verrez un de ces spectacles qui étonnent et qui consolent; vous comprendrez ce qu'est encore le peuple français! On vous apportera de tous côtés, qui une pièce d'argent, qui une pièce de monnaie, qui une planche pour y mettre vos volumes, qui un vieux bois de bibliothèque, qui une table, un crucifix, qui de fort bons livres dont on ne se sert plus : il y aura partout émulation du bien, en haut, en bas, au milieu ; tout le monde voudra contribuer à votre œuvre. Un homme riche, que l'on avait cru jusque là très-dur, frappé de son utilité, vous donnera une somme considérable, de bonnes domestiques vous apporteront leurs plus belles bagues, des pauvres vous apporteront leurs bons de pain et voudront jeûner pour avoir leur part dans le bien qui se fait. Nous ne disons rien que nous n'ayons vu bien des fois.

La jeune personne, arrivée à cet âge heureux où l'on se défait de ses poupées, vous donnera les livres qui ont amusé son enfance, et ceux qui ont couronné ses efforts et ses succès, pendant que les méchants, et aussi un peu les bons, prouveront une fois de plus, par leurs paroles malveillantes, que toute œuvre de Dieu doit rencontrer des obstacles. Les ouvriers ne voudront pas être les derniers à l'œuvre, et vous verrez qu'il se trouvera quelque brave menuisier qui s'offrira pour venir ajuster vos planches gratis, et qui, peut-être, si vous êtes prêtre, ne vous demandera, pour toute récompense, que d'entendre sa confession, chose qu'il estime très-pénible pour vous et pour lui, vu qu'il est grandement en retard et que les affaires de sa conscience sont un peu embrouillées.

Voilà la véritable manière de faire du bien, voilà la bonne charité, voilà le vrai moyen d'améliorer les hommes et de les relever de la bonne façon à leurs propres yeux. Votre œuvre n'eût-elle fait que procurer ce généreux concours, cet épanouissement des cœurs sous le souffle de la charité, cette révélation des âmes à elles-mêmes ; votre œuvre n'eût-elle fait que réveiller ce vieil enthousiasme du bien que tout cœur français tient de Dieu et de sa nature, oh ! ce serait déjà beaucoup : après un tel acte, nécessairement l'homme se trouve un peu meilleur, un peu plus indulgent, un peu plus près du bien et moins éloigné de Dieu.

On ne sait pas ce qu'il y a de ressources pour le bien en France ; on ne connaît pas ce peuple, on le juge trop sur son extérieur. Après un appel à la charité, ceux-là mêmes qui croyaient le connaître à fond sont étonnés et vous disent : Je n'aurais jamais espéré si bien réussir. Le peuple français est toujours le même quand on parle à ses bons instincts ; mais, malheureusement, on ne lui a parlé, le plus souvent, que de matière d'argent, de commerce, de sensualisme, etc., et ses nobles facultés sont allées s'endormir dans l'égoïsme. On ne lui parle plus que de plaisirs, *que de trains de plaisir, que de mois de plaisir :* ne le laissez donc pas s'énerver par tous ces plaisirs du monde ; parlez-lui aussi des plaisirs de la charité, et vous serez compris ; réveillez ses bons sentiments, faites vibrer les cordes les plus généreuses de son cœur, et il en jaillira des flots de l'harmonie la plus suave de l'âme.

On se demande aujourd'hui avec anxiété : Que deviendrons-nous ? qui nous sauvera ? où est donc le

sauveur de la France? qui sauvera la France? Elle-
même, elle seule! Certes, elle en est bien capable; il
y a encore chez elle assez de bon sens, assez de dévouement et d'énergie!... La sève qui coule dans ses
veines contient encore assez de vie!... Mais, malheureusement, ses forces sont divisées, ses puissances sont éparpillées à travers les intérêts et les
opinions qui se croisent et qui se heurtent. Aujour-
d'hui, elle a besoin qu'on lui aide à les retrouver et
à faire de tout cela un faisceau auquel rien ne puisse
résister; et c'est dans la charité que les âmes se rap-
procheront; c'est en s'occupant de bonnes œuvres
qu'elles finiront par s'entendre et par s'aimer.

Lorsqu'il s'agit d'entreprendre un bien, on se
voit, on se parle, on se comprend, on s'estime et
on s'aime, on apprend à mieux se connaître; ainsi
se fait le rapprochement des classes supérieures.
Jusque là un homme nous avait paru tant soit
peu froid et orgueilleux, nous avions jugé une
femme fière et hautaine; nous les voyons de près,
et nous les trouvons si bons, si simples, si éloignés
de toute prétention et si remplis de charité pour
les malheureux, qu'on ne peut pas s'empêcher de
les aimer. Après cela on se consulte, on se fait part
de ses bonnes pensées, on se dit les uns aux autres : Si nous faisions tel bien, si nous répandions
tel bon livre, si nous nous mettions en rapport
avec telle personne, etc.; au moins, tâchons d'être
si bons que d'autres désirent nous imiter; et l'on

ne se quitte pas sans avoir, les uns pour les autres, le plus affectueux serrement de main. Voilà ce qui s'appelle vraiment vivre ! Voilà la vie cordiale et aimante à laquelle nous aspirons tous, parce que le reste n'est pas la vie !

D'un autre côté, les classes inférieures nous savent si bon gré de ce qu'on fait pour leur bien ! elles sentent qu'elles ne sont pas oubliées, qu'elles sont quelque chose dans la vie, et alors elles se trouvent moins malheureuses; elles se résignent plus volontiers à leur position ; on les aime et on les fait aimer, cela fait tant de bien ! Qu'on les éclaire une bonne fois comme il faut les éclairer, et elles ne demanderont pas mieux que de faire un peu moins de mal.

Mais, aujourd'hui, nous ne pouvons bien arriver là que par la propagation des bons livres et des bonnes doctrines ; c'est sur ce point qu'il faut concentrer tous nos efforts, c'est pour ce but qu'il faut créer les grands dévouements ; le génie de la France est souple, il se prête à tout.

Au moyen âge, la charité bâtissait des églises, élevait ces monuments, ces superbes basiliques qui sont une des gloires de la patrie. Les pauvres et les riches, les hommes et les femmes, les grands, les puissants de la terre eux-mêmes mettaient la main à l'œuvre; c'était admirable. « Des rois, nous dit Haymon, abbé de Saint-Pierre-sur-Dives, des souverains, des princes, des hommes puissants dans le siècle, des personnes nobles de l'un et de l'autre sexe, comblés d'honneurs et de biens, se sont rabaissés jusqu'à ce point que de s'attacher à des cordes pour tirer des chariots remplis de vin, de froment, d'huile, de chaux, de pierres, de bois, et des autres choses nécessaires pour vivre, ou pour bâtir des églises, et les traîner, comme des bêtes, à la maison de Jésus-Christ. Et ce qui paraissait en cela de plus admirable, est que ce char, pour sa grandeur énorme, et pour la pesanteur de sa charge, étant quelquefois tiré par mille personnes, et même par un plus grand nombre, il s'y garde néanmoins un silence si profond que l'on n'entend la voix de qui que ce soit, ni le moindre bruit qui se puisse faire ; il n'y a que l'œil qui puisse découvrir qu'il y ait quelqu'un dans une telle multitude... »

Maintenant, ce n'est plus là que le zèle doit se porter, c'est à remplir les églises, à les remplir d'hommes, surtout d'hommes ; pas de trêve, pas de repos, qu'il n'y ait plus d'hommes dans nos temples ; car, en vérité, que faisons-nous, nous autres prêtres ? notre parole va se perdre dans ces colonnes, que la main de nos pères a polies et sculptées avec tant d'amour et de piété ; nous parlons contre le monde, contre les impies, contre les incrédules ; et ils ne sont pas là à nous écouter, de sorte que notre ministère se réduit souvent... à mal parler des absents.

Que les riches aussi et les pauvres, que les hommes et les femmes, que les grands de la terre nous aident à ramener par la presse ceux que la presse a éloignés.

Mais, voici maintenant une autre difficulté, c'est le choix des livres ; ils seront bons, c'est convenu (1) ; ou du moins, ils ne seront pas mauvais : mais aussi qu'ils soient intéressants en général, qu'ils ne contiennent pas trop d'ennui ni trop de sommeil ; on ne fait jamais de bien aux hommes en les ennuyant. Nous l'avons dit, l'ennui est mortel en France, et c'est une chose qu'on ne pardonne jamais : prenez garde surtout aux commencements ; si vous donnez des livres ennuyeux, votre bibliothèque est jugée, exécutée. Dans les premiers temps, ne cherchez pas à faire lire des choses trop sérieuses, on ne pourra les digérer ; sans doute qu'il en faudra bien venir là, mais n'allez pas trop vite ; les âmes sont malades, une nourriture trop solide les tuerait : elles sont délabrées par le doute et le sensualisme, c'est pour cela qu'il faut traiter ce grand malade du genre humain avec beaucoup de ménagement et d'indulgence : vouloir lui donner des choses trop sérieuses au commencement, c'est, qu'on me passe la comparaison, agir comme cette femme de village qui laisse de côté l'ordonnance du médecin, et prépare

(1) Nous nous proposons de publier plus tard le catalogue des ouvrages qui nous semblent les plus propres à former ces bibliothèques.

une *bonne soupe* à son malade, prétendant que cela le fortifiera bien mieux que toutes les drogues du pharmacien; mais, hélas! quand le docteur revient voir l'effet de ses prescriptions, il trouve le pauvre malade agonisant, s'il n'est déjà mort. C'est aujourd'hui, surtout, qu'il faut appliquer la parole de notre Seigneur Jésus-Christ : J'aurais encore beaucoup de vérités à vous dire, mais vous n'êtes pas capables de les porter. Les âmes ont besoin de s'essayer peu à peu à prendre la nourriture solide du pain évangélique.

Il n'est pas requis absolument que tous vos livres soient religieux, on peut admettre tout ouvrage qui ne contient rien de mauvais; par exemple, tous les chefs d'œuvre des grands maîtres, dans l'histoire, dans la littérature, etc. Il y a là un fond de bien, sans compter que c'est empêcher la lecture des mauvais livres ; il y a même dans ces pages quelque chose de religieux en un certain sens: ne dit-on pas qu'elles sont inspirées? et d'où vient l'inspiration, si ce n'est d'en haut? le génie n'est-il pas une étincelle du feu divin? Ces conceptions remuent, élèvent, ravissent l'âme à son corps, à la terre; mais tout ce qui élève l'âme ne l'approche-t-il pas du bien, du beau, de Dieu? La prière n'est-elle pas aussi une élévation de l'âme? qui sait si lire ces pages ce n'est pas un peu prier?...

Le grand talent est de donner à chacun le livre qui lui convient : pour cela il faut bien connaître sa clientèle; il serait bien à désirer qu'en général un prêtre fût chargé de ces distributions; nulle part ailleurs il ne peut faire plus de bien, et nulle part ailleurs il ne peut être plus apôtre. Il y a tant de bien à faire dans une bibliothèque! c'est vraiment un centre de direction pour les âmes; mais pour cela il faut avoir les industries de la charité : un enfant, par exemple, vient vous demander un livre pour lui, on adjoint à ce livre un volume intéressant pour sa famille; un homme vous demande un livre amusant, vous vous empressez de le servir, mais vous lui glissez en même temps un volume un peu plus sérieux : l'un fait passer l'autre. On peut apprendre, aux gens bien intentionnés, à faire lire vos ouvrages : un jeune homme part pour un voyage, on lui glisse un bon livre dans sa malle, et, dans ses jours d'ennui à l'hôtel, il prend ce livre, il le lit, il l'aime, et, à son retour, il désire le garder encore, parce que, dit-il, *il y a du bon* (historique). Il faut bien que la charité ait ses industries, je dirai même ses ruses : le mal a bien les siennes; il est habile, lui, lorsqu'il s'agit de faire lire ses productions! De plus, il ne faut pas oublier de faire l'accueil le plus charitable à ses clients, de les servir avec empressement quand ils viennent, et même d'aller les chercher quand ils ne viennent pas; après cela vous serez largement récompensé de vos peines, et vous aurez de temps en temps de bien douces consolations. Ce sera une jeune enfant

de quatorze ou quinze ans, qui viendra vous demander un livre *sérieux* pour elle, et un livre *amusant* pour son père, pour le convertir, ou du moins
pour l'empêcher de lire des romans! Ce sera un
vieux militaire qui, en vous rapportant la Vie de
Napoléon, par M. Amédée Gabourd, vous dira : Je
vous remercie, j'ai lu cette histoire avec beaucoup
de plaisir ; mais il y a une chose qui m'a étonné,
c'est que Napoléon se soit confessé. J'avais dit que je
ne me confesserais jamais, mais puisque le *Grand-
Homme* l'a fait, je ne dis plus non!—Voilà une excellente entrée en matière! Ce sera une mère de famille qui viendra vous remercier, les larmes aux
yeux, et vous dira : Oh! que vous nous avez fait
de bien! Autrefois, je ne pouvais, le soir, retenir
mon mari à la maison, parce qu'il s'y ennuyait; il allait au cabaret et en revenait dans un état désolant;
c'était une honte et un scandale pour nos enfants.
Aujourd'hui l'un d'eux nous fait la lecture, et nous
écoutons, de temps en temps nous pleurons tous
ensemble! Voilà du bien, voilà des résultats, puisque le monde en veut aujourd'hui! Du reste, tout
le bien que vous aurez fait, vous ne le saurez jamais! Dieu seul pourra le connaître. Oh! comment peut-on, après cela, garder son argent dans
ses coffres? comment peut-on surtout le jeter à la
futilité, à la vanité?

Vous aurez pourtant bien aussi, vous devez vous
y attendre, vos petites peines; on vous salira quel-

quefois vos volumes, mais il faut en avoir pour les différentes classes de la société, et ne donner ceux qui sont propres qu'aux personnes qui les ménageront. Il arrivera bien aussi qu'on ne vous les rapportera pas toujours, c'est un inconvénient, mais il ne faut pas trop s'en plaindre ; cette négligence vous procurera un prétexte pour aller visiter les retardataires, dont vous avez eu soin de prendre le nom et l'adresse ; vous les gourmanderez doucement, et l'on trouvera que vous êtes un assez *brave homme :* ce sera peut-être le commencement d'une conversion.

Il faut donc établir des bibliothèques, il faut que chaque ville ait sa bibliothèque bien conditionnée, et, pour la diriger, un homme de bonne volonté ; ce serait maintenant une honte de n'en pas avoir. Il y en a presque partout, chaque paroisse de Paris a la sienne ; la société de Saint-Vincent-de-Paul en a, de plus, établi pour les pauvres et les ouvriers. A Nancy, entre autres villes, il y en a une magnifique (1) ; à Metz, que l'on a appelée justement *la charitable* (l'année dernière elle a dépensé plus d'un million en bonnes œuvres), il y en a deux, et l'une d'elles a mis, pendant cette même année, plus de 20,000 volumes en circulation. Partout elles font du bien, et souvent de vénérables curés de ville nous

(1) Nous apprenons à l'instant même que la bibliothèque de Nancy a mis l'année dernière plus de 50,000 volumes en circulation.

ont assuré qu'ils croyaient avoir retiré plus de fruits de leur bibliothèque, que de tous les autres efforts du saint ministère. On a beau dire, la lecture fait toujours une vive impression, il en reste toujours quelque chose; la preuve, c'est que nous ressemblons tous beaucoup à notre journal, surtout quand nous n'en lisons qu'un seul; en un mot, la presse est, de nos jours, une grande puissance. On dit que c'est elle qui mène le monde, et à la manière dont il va, il paraît que ce n'est pas la bonne presse qui le mène. Hommes de bien, où êtes-vous donc? que faites-vous? Voici de quoi réfléchir! Aujourd'hui on aime à parler de sa probité, à se ranger parmi les honnêtes gens, à se dire homme de bien. Homme de bien! c'est un beau titre, mais, qu'on y songe, c'est un titre difficile à porter. Autrefois on disait : *Noblesse oblige!* aujourd'hui on peut dire : *Probité oblige*, et le moindre de ses devoirs, c'est d'aimer autant l'humanité, de lui faire autant de bien que les méchants lui font de mal...

CHAPITRE XIII.

AUX OUVRIERS ET AUX PAUVRES.

Je me reprocherais beaucoup si je terminais ce livre sans venir vous parler, au nom du malheur, à vous mes frères bien-aimés, les ouvriers et les pauvres. Je vais vous dire ce que j'ai dit aux enfants, pourrais-je vous oublier quand il s'agit de charité ? Oh ! non, je priverais les malheureux de beaucoup de secours et je manquerais à la reconnaissance ; je vous connais bien, je connais le fond de votre cœur, vous m'avez parfois rendu si heureux ! Je ne sais si ce livre vous tombera jamais sous la main : Dieu le veuille ! mais nous nous proposons d'en écrire un autre qui vous sera uniquement destiné, et qui, nous l'espérons, arrivera, avec l'aide des âmes charitables, jusqu'à un certain nombre d'entre vous. En attendant, je veux seulement vous adresser quelques mots de l'âme, je vais vous parler, comme je vous aime, du fond du cœur ; je vais vous dire vos vérités avec une liberté tout apostolique, mais aussi avec une charité toute chrétienne.

Vous d'abord, mes bons amis, qui travaillez pour gagner le pain de chaque' jour, vous savez que la misère est grande, qu'il y a bien des pauvres ; je n'ai pas besoin de vous le dire, ce n'est pas à vous que l'on apprend ces choses, vous en savez plus que nous sur ce point ; vous habitez souvent la même maison que les pauvres, quelquefois sur le même palier, vous voyez leur misère, vous savez ce qu'ils souffrent.

Et parmi les vôtres, n'y a-t-il pas trop souvent des pauvres ? Un ouvrier tombe malade, il faut se mettre au lit, et le pain ne vient plus à la maison ; il faudrait aussi des remèdes, des soins, et pas d'argent ! Il y a encore là une misère dont on ne se relèvera jamais si on n'est assisté.

Vous viendrez donc au secours de tous ces malheureux ! n'est-ce pas, mes bons amis ? vous ne les abandonnerez pas. Vous n'êtes pas riches, mais que voulez-vous ? Dieu vous le rendra, et vous n'en deviendrez pas plus pauvres : à chaque jour suffit son travail ; il vous reste toujours vos deux bras, vous travaillerez un peu plus, et vous boirez une *chope* de moins... car on ne peut pas laisser souffrir ainsi à côté de soi des malheureux. Ne sont-ce pas aussi des *humains* comme vous le dites, vous autres ? Est-ce qu'on mange son pain avec cœur, lorsqu'on sent qu'il y a là quelqu'un qui n'a rien à manger ? Quand on marche sur le chemin de la vie, et qu'on voit un pauvre homme tombé dans l'ornière, il faut bien qu'on lui aide à se relever; dût cela nous causer quelque retard, on ne laisse pas ainsi périr un homme.

C'est là, mes amis, la véritable fraternité. La fraternité, ce n'est pas un mot; tout n'est pas dit quand on a écrit Fraternité, quand on a crié : Vive la Fraternité! Pratiquer la fraternité, c'est souffrir, c'est se priver pour son frère, c'est prendre de bon cœur, sans que personne ne nous y force, une partie de son bien, de son repos, de son bonheur, et lui donner tout cela ; c'est lui dire, comme aurait dit saint François d'Assise : Oh! cher petit frère du bon Dieu, tu n'as rien et moi j'ai encore quelque chose, je ne t'abandonnerai pas. Voilà la fraternité; autrement on a beau parler, on a beau écrire Fraternité, on a beau crier : Vive la Fraternité! la Fraternité ne vit pas.

Donc, quand vous connaîtrez des hommes parmi vous qui manquent de quelque chose, venez à leur secours, procurez de l'ouvrage à ceux qui n'en ont pas; un de vos camarades est malade, allez le visiter. Les petits enfants des pauvres, prenez-les en apprentissage, ou bien aidez à les placer; de grâce, ne permettez pas qu'ils soient de petits paresseux, de petits vagabonds, entendez-vous pour en faire des hommes. Quand vous n'aurez pas assez de ressources, quand vous connaîtrez une grande misère à secourir, allez trouver un homme riche, et dites-lui avec votre franchise : « Il y a du bien à faire, voulez-vous avoir la bonté de nous aider et de venir voir par vous-même? » Ne craignez pas de faire cette démarche, vous serez compris. Souvent on vous remerciera, on vous serrera affectueusement la main ; car, voyez-vous, mes bons amis, les riches ne savent pas ce qu'on souffre sur la terre, combien est grand le nombre des malheureux ; non, ils ne le savent pas, je vous l'assure, parce qu'ils ne voient autour d'eux que des hommes qui ne manquent de rien ; quand on leur parle d'une grande détresse, ils vous répondent : Mais, ce n'est pas possible... Et en présence de la misère, leur âme est brisée et leur main donne. Ah! s'ils savaient toujours, ils soulageraient ceux qui souffrent!

Une bonne domestique ayant appris qu'une pauvre famille manquait de pain, et en était réduite à souffrir de la faim, le dit à son maître, riche banquier ; on accuse cette classe d'être un peu dure et de n'avoir pas la veine du cœur très-sensible ; vous allez voir qu'on la calomnie, au moins quelquefois. Mais, répondit cet homme, il faut lui porter des secours. — Monsieur, lui répliqua la servante, je vais y aller aussitôt que je vous aurai fait servir votre dîner. « Comment! lorsque vous m'aurez fait servir » mon dîner? Croyez-vous que je vais pouvoir dîner » quand je saurai qu'il y a des gens qui souffrent de » la faim? allez bien vite, et je dînerai plus tard. »

Entre vous surtout, mes bons amis, soyez obligeants les uns pour les autres, ne cherchez à refouler personne, ne soyez pas jaloux : vous l'êtes bien un peu quelquefois, vous critiquez bien un peu l'ouvrage d'un confrère, et de temps en temps, à vous en croire, il n'y a de bien fait que ce que vous avez fait. Oh! non, n'empêchez jamais personne de gagner sa vie : ne faut-il pas que tout le monde vive? Nous ne sommes pas sur la terre pour toujours monter, monter; un jour, et bientôt probablement, il faudra bien finir par tomber : puisque la vie est si courte, puisque nous n'avons que peu de temps à passer ici-bas, passons ce peu de temps à faire du bien, à secourir, à aimer. Ne soyez pas trop égoïstes ; hélas ! pourquoi donc s'entre-faire de la peine? pourquoi ainsi s'acharner les uns contre les autres? est-ce qu'il n'y a pas encore assez de souffrances sur la terre du côté des maladies, du côté de la misère, du côté des accidents, du côté des fléaux?... Oh! que demandons-nous à l'homme, que demandons-nous à ce petit ver de terre qui se traîne comme il peut, et qui, avec tant de peine, achève de vivre ou de mourir, que lui voulons-nous? du mal! Attendons, il lui en viendra bien assez, bien trop, bien trop !... Tendez-vous donc la main les uns aux autres, tendez-la surtout à ceux qui souffrent! Oh! quand vous écoutez la bonne partie de vous-même, vous savez si bien faire tout cela! pourquoi donc ne l'écoutez-vous pas toujours, mes chers amis?... il se fait parmi vous des actes vraiment admirables, et ils sont sans cesse renouvelés. J'en pourrais citer sans fin ! qu'il me soit permis d'en citer un seul.

Un prêtre fut appelé auprès d'une pauvre femme âgée, et infirme depuis trois ou quatre ans ; elle avait été dans l'aisance, mais elle était tombée dans la misère, surtout depuis qu'elle ne pouvait plus travailler. Pendant qu'il causait avec elle, entra un ouvrier ; en voyant le prêtre il rougit, il se troubla, il parut tout déconcerté... il tenait quelque chose caché par-dessous sa blouse de travail. Le prêtre s'en aperçut (nous soupçonnons toujours plus le mal que le bien), et il se dit : Il y a là du mystère, je ne m'en irai pas sans tout savoir ; ce qui se trouve sous sa blouse est rond, et ressemble singulièrement à une bouteille. Il continua de causer, n'ayant l'air de songer à rien. Pendant ce temps-là, l'ouvrier s'agitait sur sa chaise ; il aurait bien voulu que le prêtre fût parti, et celui-ci avait la malice de ne pas s'en aller. A la fin, ce bon ouvrier se lève, et fait voir cette chose mystérieuse qu'il tenait cachée... C'était un pain de deux livres, qu'il jette sur le lit de la pauvre femme, en lui disant : Voilà... Et puis il sort brusquement. Le prêtre demande à la malade ce que cela signifie. Ah ! ne m'en parlez pas, lui répondit cette pauvre femme en sanglotant, c'est trop de bonté ! j'en suis toute confuse : cet homme, c'est un ouvrier, père de quatre enfants, qu'il a déjà bien de la peine à nourrir ; mais, quand je suis trop malheureuse, quand j'ai trop faim, je le lui fais savoir, et il vient toujours m'apporter deux livres de bon pain blanc; mais il est si honnête qu'il ne veut pas qu'on le sache.

Voilà ce que vous savez faire, vous autres, mes bons amis, quand vous le voulez.

Et vous, mes frères bien-aimés les pauvres, vous qui êtes réduits à tendre la main, que vais-je vous dire? Vous parlerai-je aussi de la nécessité de donner la charité? Eh bien! oui; je vais vous en parler, parce que vous pouvez faire, et que vous faites quelquefois beaucoup de bien à ceux qui souffrent : allez, Dieu a été bon pour vous encore sur ce point ; il ne vous a pas privés de la plus douce jouissance qui soit sur la terre, celle d'apaiser une douleur, de rendre quelqu'un un peu moins malheureux. C'est vous surtout qui connaissez la misère; vous savez ce qu'elle est, ce qu'elle vaut, ce qu'elle coûte; vous l'avez trop senti par vous-même; eh bien! quand vous verrez quelqu'un qui est encore plus malheureux que vous, quelqu'un qui n'a rien, absolument rien, partagez votre morceau de pain avec lui, venez à son secours par tous les moyens qui seront en votre pouvoir, et quand vous ne saurez plus rien faire, au moins plaignez-le, faites-lui l'aumône de votre sympathie et de votre amitié; les pauvres savent si bien secourir les pauvres! tous les jours nous voyons les traits les plus touchants de leur charité.

L'année dernière, une femme, qui autrefois avait

été riche, tomba malade. Elle était dans la plus complète misère, et ses voisins de la même maison étaient presque tous aussi pauvres qu'elle. On pensa à la conduire à l'hôpital; mais voilà cette femme qui se lamente, qui pousse ces cris déchirants : Mourir à l'hôpital! mourir à l'hôpital!... Mon Dieu! faut-il...? Oh! faites de moi tout ce que vous voudrez; priez Dieu qu'il me fasse mourir maintenant; mais que je n'aille pas mourir à l'hôpital. — Le prêtre qui visitait cette femme réunit tous les voisins et leur dit : Vous voyez l'état de cette malheureuse personne, elle n'a que peu de jours à vivre; elle a été riche autrefois, il faut respecter le malheur, il faut la garder; ce sera notre affaire à tous, si vous êtes de mon avis; et alors tout le monde de répondre : Oui, oui. Et ces braves gens ont été fidèles à leur parole. Rien, absolument rien, ne manqua à la malade, et c'était vraiment touchant de voir chaque personne apporter sa petite lampe, ou un peu de bois, de charbon, pour entretenir le poêle pendant la nuit et veiller cette pauvre femme. Aussi il faut dire qu'après cette action, ils en devinrent tous meilleurs.

Mais il y a un autre moyen plus efficace de secourir les malheureux. C'est, mes amis, d'être bons pauvres, c'est d'honorer cet état respectable par une vie irréprochable. La pauvreté, mes amis, n'est pas une honte, quand elle n'est pas la suite de nos défauts; la pauvreté n'est pas un crime, n'en rougissez pas ; la pauvreté, au contraire, est une chose vénérable, sacrée. Quand Jésus-Christ vint sur la terre, il regarda les différentes classes de la société, et il choisit la classe des pauvres. Aux pauvres la prédication de l'Évangile avant tous les autres, aux pauvres sa prédilection, aux pauvres la plus belle place dans le royaume des cieux. Donc ne vous laissez pas dégrader par le vice, ne vous laissez pas avilir par les conseils de la misère, elle en a quelquefois de perfides ! soyez tous de bons pauvres, et vous verrez la charité des riches couler à pleins bords sur toutes les misères. Ce qui referme les cœurs et les bourses, ce qui décourage même la bonne volonté, ce sont les torts et les défauts de certains pauvres. Aussi quand nous allons demander, intercéder en votre faveur auprès des riches, quand nous allons tendre la main pour vous, car nous ne rougissons pas de nous faire mendiants afin de vous soulager, on nous dit : « Mais vos pauvres ont des défauts, mais ils sont pauvres par leur faute, etc., etc. » Nous vous défendons, nous plaidons votre cause avec chaleur ; mais quelquefois nous sommes obligés de baisser les yeux et de dire bien bas et bien à regret : Hélas ! oui, pour un certain nombre, c'est vrai..... Oh ! de grâce, ne nous infligez plus cette peine, aidez-nous un peu à vous faire du bien, tâchez de vous corriger de vos défauts ; car, puisque nous sommes seuls et que personne ne nous entend, je vais vous dire toute

la vérité; je vous la dois, et si je ne vous la disais
pas, je serais un méchant....... Dans ce qu'ils vous
reprochent il y a du vrai, mes amis; vous savez
bien que vous êtes quelquefois un tant soit peu paresseux; que vous cherchez du travail, mais que vous
n'avez guère envie d'en trouver : soyez francs es sincères, n'est-ce pas que je dis la vérité? Vous savez
bien que vous avez telle et telle mauvaise habitude.
Vous manquez d'économie, de prévoyance; aujour-
d'hui vous dépensez tout, et demain il faudra jeûner... vous êtes bien aussi un peu jaloux les uns des
autres, et puis pour attirer d'abondantes aumônes,
vous nous trompez quelquefois... vous nous attra-
pez... Oh! ce n'est pas bien de mentir ainsi à la
charité, de tromper ses bienfaiteurs. Vous n'y avez
pas pensé, j'en suis sûr; maintenant qun vous y
pensez, vous ne le ferez plus ; vous vous corrigerez
de tous vos défauts, et puis les aumônes viendront
en abondance. Je connais assez les cœurs français
pour répondre que jamais ils ne refuseront de secourir une misère vraie et non méritée; mais, pour
une telle misère, on se refuserait le nécessaire à soi-
même; on s'en voudrait de ne pas tout faire pour
la soulager! Il faudrait que vous pussiez toujours
dire avec vérité cette parole si souvent répétée, mais
qui n'en est pas moins belle : *Je suis pauvre, mais
je suis honnête,* c'est-à-dire : Je travaille de toutes
mes forces, et je ne demande que pressé par le besoin; je ne trompe jamais personne, je n'emploie

jamais la ruse pour me procurer des aumônes.

Je suis pauvre, mais je suis honnête... c'est-à-dire : je respecte mon honneur, l'honneur de mes enfants, j'élève bien ma famille, je cherche à la former au travail, je ne fais pas de dépenses inutiles, je ne suis pas jaloux, et j'ai une profonde reconnaissance pour ceux qui m'assistent. Après cela, vous ne manquerez pas de personnes qui s'intéresseront à vous.

Hélas ! sans doute, il ne sera pas possible de remédier d'un seul coup à toutes vos misères, de satisfaire tous les besoins ; souvent nous serons condamnés à l'impuissance, souvent nous serons réduits à gémir ; mais, croyez-le bien, vous tous qui travaillez et qui souffrez, soyez-en profondément convaincus, vous trouverez toujours en ce beau pays de France de vrais, de sincères amis.

CONCLUSION.

J'ai fini, et je remets ce livre entre les mains de Dieu et des âmes de bonne volonté. Je prie la bienheureuse vierge Marie de le bénir, et je le soumets au jugement de mes supérieurs ecclésiastiques. Si jamais j'apprends qu'il a fait quelque bien, qu'il a inspiré à quelqu'un une pensée du cœur, ou qu'il a contribué à faire soulager une souffrance, je me trouverai bien payé de mon travail et de ma peine.

FIN.

PRIÈRES PENDANT LA MESSE.

AVANT LA MESSE.

Je crois fermement, ô mon Dieu! que la Messe est le sacrifice non sanglant du corps et du sang de Jésus-Christ votre Fils. Faites que j'y assiste aujourd'hui avec l'attention, le respect et la frayeur que demandent de si redoutables mystères.

Je m'unis au prêtre et à toute votre Église, pour vous offrir ce sacrifice dans les mêmes vues dans lesquelles Jésus-Christ l'a offert.

Ne permettez pas que j'entre dans la salle du festin des noces de votre Fils, sans avoir la robe nuptiale. Purifiez mon âme; les choses saintes sont pour les saints; il ne m'est pas permis d'approcher si près de vous, que je n'aie ôté auparavant mes souliers de mes pieds, c'est-à-dire l'attachement et l'affection de mon cœur au péché. Je déteste donc tous mes péchés; je vous en demande pardon, j'y renonce à jamais.

PENDANT QUE LE PRÊTRE EST AU BAS DE L'AUTEL.

Mon Dieu! faites que je connaisse et que je sente le nombre et l'énormité de mes péchés; je vous supplie, par les mérites de Jésus-Christ et par l'intercession de la sainte Vierge et de tous les Saints, de m'en accorder le pardon et la rémission.

A L'INTROÏT.

Mon Dieu! purifiez par votre grâce mon cœur et mes lèvres, pour me rendre digne de vous offrir avec le prêtre les louanges qu'il vous donne, et d'obtenir la miséricorde qu'il vous demande pour moi et pour tous les fidèles vivants et morts.

AU KYRIE ELEISON.

Père tout-puissant qui nous avez créés, ayez pitié de nous ! Fils éternel qui nous avez rachetés, ayez pitié de nous ! Esprit saint, qui seul pouvez nous sanctifier, ayez pitié de nous !

AU GLORIA IN EXCELSIS.

Seigneur, répandez votre esprit sur le prêtre et sur nous, afin que nous puissions vous bien prier et être exaucés pour votre gloire et pour notre salut.

PENDANT L'OREMUS.

Seigneur, daignez écouter favorablement les prières que le prêtre vous adresse pour nous. Donnez-nous, s'il vous plaît, les grâces et les vertus dont nous avons besoin pour mériter le bonheur éternel. Remplissez notre cœur de reconnaissance pour vos bontés, d'aversion pour nos défauts, de charité pour notre prochain, même pour nos ennemis. Enfin, mon Dieu, faites que nous nous conduisions en tout temps et en toute occasion d'une manière qui vous soit agréable. Nous sommes indignes de toutes ces grâces, mais nous vous les demandons au nom et par les mérites de Jésus-Christ, qui les a méritées pour nous.

A L'ÉPITRE.

Seigneur, vos saintes Ecritures nous apprennent qu'il faut fuir le péché comme un serpent ; qu'il faut nous abstenir de tout ce qui a quelque apparence de mal; qu'il faut nous supporter charitablement les uns les autres, souffrir patiemment les injures et les injustices qu'on nous fera, ne rendre jamais le mal pour le mal, et tâcher de gagner ceux qui nous persécutent en leur faisant du bien. Imprimez, ô mon Dieu ! toutes ces vérités dans notre cœur, et faites, par votre grâce, que nous nous y conformions dans toute notre conduite.

A L'ÉVANGILE.

Mon Dieu, vous nous enseignez dans votre Évangile que tous ceux qui disent : Seigneur, Seigneur (c'est-à-dire que se contentent de faire des prières sans avoir une volonté sincère de garder votre loi), n'entreront pas dans le royaume du ciel ; mais que ceux-là y entreront qui auront fait la volonté de Dieu en pratiquant ses commandements, et en s'acquittant fidèlement des devoirs de leur état ; vous nous enseignez aussi qu'il faut être doux et humble de cœur, aimer nos ennemis, renoncer à nous-mêmes, combattre sans cesse nos mauvaises inclinations, porter notre croix tous les jours et mener une vie mortifiée et pénitente. Faites-nous la grâce d'aimer ces vérités, puisque ce ne sera qu'en les aimant que nous les observerons comme nous le devons.

A L'OFFERTOIRE.

Père éternel, recevez le pain et le vin qui vous sont offerts, et qui seront bientôt changés au corps et au sang de Jésus-Christ votre Fils, qui veut nous servir de victime, s'offrir lui-même pour nous, et nous offrir avec lui. Tout indignes que nous sommes, ô mon Dieu ! nous vous offrons ce divin Fils pour vous rende par lui toute la gloire qui vous est due, pour vous remercier de tous vos bienfaits, et pour obtenir par ses mérites la rémission de nos péchés, et toutes les grâces qui nous sont nécessaires pour parvenir à la vie éternelle.

AU LAVABO.

Mon Dieu, daignez laver mon âme et la purifier de toutes les souillures du péché; détruisez en moi jusqu'aux moindres imperfections, et rendez par votre sainte grâce mon âme aussi pure qu'elle l'était après le baptême.

A L'ORATE, FRATRES.

Seigneur, exaucez les prières de tous vos fidèles qui sont unis pour vous offrir ce grand sacrifice, que nous vous supplions de recevoir pour la gloire de votre nom, pour notre utilité particulière et pour le bien de toute votre Église. Daignez mettre dans notre cœur les dispositions nécessaires pour assister utilement et avec fruit à cette grande action de notre religion : sanctifiez le prêtre qui célèbre vos divins mystères, et purifiez ses mains et son cœur, afin qu'il soit en état d'attirer vos grâces sur lui et sur nous.

A LA PRÉFACE ET AU SANCTUS.

Qu'il est juste, qu'il est raisonnable, Père tout-puissant, Dieu éternel, de vous rendre grâces en tout temps et en tous lieux, puisque vous ne cessez jamais de faire du bien aux hommes! Mais comment vos pauvres créatures pourront-elles célébrer dignement vos grandeurs? Ce sera par votre Fils adorable, Jésus-Christ. Nous vous adresserons les louanges qu'il nous a enseignées, ou plutôt nous vous offrirons celles qu'il vous adressera lui-même, ce sacrifice de ses lèvres, qu'il portait jusqu'à votre trône, pendant les jours de sa vie mortelle. C'est par lui que les Anges glorifient votre Majesté, que les Dominations, que les Puissances vous révèrent en tremblant. Souffrez, ô Père saint, qu'unissant nos faibles voix à leur chœurs glorieux, nous répétions avec eux cet hymne, qui retentira éternellement dans la sainte Sion :

Saint, Saint, Saint est le Seigneur, le Dieu des armées. Le Ciel et la terre sont remplis de sa gloire et de sa puissance ; gloire à Dieu au plus haut des Cieux.

AU MEMENTO DES VIVANTS.

Seigneur, nous vous offrons ce grand sacrifice pour tous nos besoins, et principalement pour ceux de nos âmes ; nous vous l'offrons aussi pour toute l'Église, pour le Pape, pour les évêques, pour les princes et autres supérieurs qui nous gouvernent, et pour tous les fidèles qui sont répandus par toute la terre. Nous vous l'offrons en particulier pour nos parents, pour nos bienfaiteurs, pour nos amis, et aussi pour nos ennemis. Nous vous supplions par les mérites de Jésus-Christ, et par l'intercession de la sainte Vierge et de tous les Saints, de nous donner la paix durant cette vie, de nous sauver de la damnation éternelle, et de nous mettre au nombre de vos élus, afin que nous puissions vous aimer et vous louer avec les Anges et les saints pendant toute l'éternité.

A LA CONSÉCRATION.

Mon Sauveur Jésus-Christ, je crois que vous faites sur l'autel, par le ministère du prêtre, ce que vous avez fait la veille de votre mort, en changeant le pain et le vin en votre corps et en votre sang : daignez aussi changer mon cœur par la puissance de votre grâce ; donnez-moi un cœur qui soit selon le vôtre.

A L'ÉLÉVATION.

Je vous adore, mon aimable Sauveur, qui avez bien voulu être attaché pour moi sur la croix. Ô bon Jésus! qui avez été le prix de mon âme, soyez mon salut et ma vie. Je vous adore présent sur l'autel, je m'anéantis devant vous et avec vous, Seigneur; augmentez ma foi, mon respect et ma reconnaissance pour vous.

APRÈS L'ÉLÉVATION.

O Père des miséricordes! nous vous offrons cette hostie sainte qui est sur l'autel, pour vous rendre nos hommages et nos adorations, pour vous remercier de tous vos bienfaits, pour obtenir le pardon de nos péchés, et pour vous demander toutes les grâces dont nous avons besoin pour mener une vie chrétienne, exempte de péchés et remplie de bonnes œuvres.

AU MEMENTO DES MORTS.

Nous vous supplions aussi, ô mon Dieu! de vous souvenir des fidèles qui sont morts dans votre grâce, particulièrement de nos parents, amis et bienfaiteurs; daignez leur pardonner les restes de leurs péchés, et leur accorder le repos éternel et la joie de votre paradis. Comme rien n'est bon, rien ne vous plaît qu'en Jésus-Christ votre Fils, et que vous ne nous aimez qu'à cause que nous sommes ses membres, c'est par lui que vous nous donnez les grâces; recevez par lui nos remercîments, soyez béni et glorifié en lui, par lui et avec lui, ô Dieu! Père tout-puissant, en l'unité du Saint-Esprit dans tous les siècles des siècles.

AU PATER.

Mon Dieu délivrez-moi des péchés que j'ai commis

pendant ma vie passée et dont je suis comptable à votre justice : délivrez-moi de mes mauvaises habitudes et de ma concupiscence toujours présente, qui me sollicite au mal. Enfin, mon Dieu, délivrez-moi des tentations du démon, de la chair et du monde, et de la mort éternelle.

A L'AGNUS DEI.

Mon Sauveur Jésus-Christ, vous êtes le véritable agneau de Dieu immolé pour effacer nos péchés ; faites par votre grâce qu'ayant reçu le pardon de nos péchés, nous menions une vie nouvelle, et accordez-nous la charité et la paix avec notre prochain, que vous avez tant recommandées, et qui sont si nécessaires pour avoir part aux effets et aux grâces de la sainte communion.

AU DOMINE NON SUM DIGNUS.

Seigneur, quoique je sois très-indigne par mes péchés et mes infidélités de m'approcher de votre autel, et de vous recevoir par la communion, j'ose vous supplier de me donner quelque part à vos miséricordes. Daignez m'accorder la grâce de participer à la vertu de votre sacrifice ; éclairez mon esprit, fortifiez ma volonté et purifiez mon cœur pour ne penser qu'à vous, pour ne vouloir et n'aimer que vous, et pour l'amour de vous ; faites par votre grâce que je désire de ne vivre, de ne souffrir et de ne mourir que pour vous.

AUX DERNIÈRES ORAISONS.

Mon Dieu, accordez-nous, en vertu du sacrifice que nous venons de vous offrir, la rémission de nos péchés et toutes les grâces qui nous sont nécessaires pour nous sauver. Donnez-nous surtout un amour ardent

pour vous, une grande crainte de vous déplaire, un
grand désir et un grand soin de vous plaire, l'applica-
tion à nos devoirs, la patience dans les afflictions, la
douceur et la charité pour bien vivre avec tout le monde, l'humanité, la pureté, la tempérance, la mortifica-
tion de nos sens, un grand détachement des biens, des
plaisirs et des honneurs de ce monde, un grand dégoût
et une sainte horreur des folles joies du siècle ; un véritable esprit de pénitence, qui nous inspire une vive douleur des péchés de notre vie passée, un désir sincère de
les expier, et une ferme résolution de n'y plus retomber et d'en éviter toutes les occasions. Enfin, mon Dieu,
donnez-nous toutes les grâces nécessaires pour mener
une vie chrétienne, suivie d'une sainte mort et d'une
heureuse éternité.

QUAND LE PRÊTRE DONNE LA BÉNÉDICTION.

Dieu tout-puissant et tout miséricordieux, Père, Fils
et Saint-Esprit, bénissez-nous par Jésus-Christ, et que
cette bénédiction nous soit un gage de la bénédiction
que vous donnerez un jour à vos élus.

AU DERNIER ÉVANGILE.

Seigneur, gravez par votre grâce votre Évangile dans
nos esprits et dans nos cœurs, afin que nous ne sui-
vions plus l'égarement de nos pensées, la fougue de nos
passions ni le déréglement de notre cœur ; mais que
nous nous soumettions entièrement à tout ce que vous
demandez de nous, et que nous réglions toutes nos démarches sur les maximes de votre saint Évangile, et non
sur les maximes et sur les coutumes corrompues du
monde.

PRIÈRE APRÈS LA MESSE.

Mon Dieu, je vous remercie des grâces et des bonnes

résolutions que vous m'avez inspirées pendant le saint sacrifice de la Messe; donnez-moi la grâce de les mettre toutes en pratique. Faites que je montre par ma conduite, le reste de la journée, que ce n'est pas en vain que j'ai offert avec le prêtre ce saint sacrifice; faites-moi souvenir que je viens de vous présenter, par Jésus-Christ, mon âme, mon corps, ma vie, mon travail, mon occupation, mes biens, tout ce que je suis et tout ce que j'ai. C'est pourquoi je dois avoir grand soin de les employer à votre service, par l'intercession de la sainte Vierge et de tous les Saints. Ainsi soit-il.

PRIÈRE POUR DEMANDER LA CHARITÉ.

« Puisque nous vous avons encore, Seigneur, en la personne des pauvres, pour vous rendre les devoirs de notre charité et pour vous donner des marques de notre reconnaissance et de notre amour, en leur faisant part de ce que nous avons reçu de vous, faites, par votre grâce, que nous les assistions avec une joie, une affection, un respect, une libéralité qui fissent voir que c'est vous-même que notre foi considère en eux. Qui craindra, Seigneur, de donner avec profusion lorsque c'est à vous-même qu'on donne? Ce n'est pas perdre, c'est gagner que de répandre avec abondance ce que vous recevez vous-même, et ce que vous vous engagez à nous rendre avec une usure qui fera notre bonheur et notre gloire. » (*Divines prières.*)

Prions.

Très-clément Jésus, qui avez suscité dans notre Église, en la personne du bienheureux Vincent de Paul, un apôtre de votre brûlante charité, répandez la même ardeur charitable sur vos serviteurs, afin que par amour pour vous ils donnent de tout leur cœur aux pauvres ce qu'ils possèdent, et finissent par se donner eux-mêmes; qui avec Dieu le Père vivez et régnez en l'unité du Saint-Esprit, dans tous les siècles des siècles. Ainsi soit-il.

POUR LES BIENFAITEURS DES PAUVRES.

Daignez, ô très-doux Jésus, accorder votre grâce aux bienfaiteurs des pauvres, vous qui avez promis le centuple et le royaume du ciel à tous ceux qui feraient des œuvres de miséricorde en votre nom. Ainsi soit-il.

Nous nous mettons sous votre protection, sainte Mère de Dieu : ne méprisez pas les prières que nous vous adressons dans nos besoins; mais délivrez-nous sans cesse de tous les périls, ô Vierge comblée de gloire et de bénédiction. Ainsi soit-il.

Et que par la miséricorde de Dieu les âmes des fidèles reposent en paix. Ainsi soit-il.

Au nom du Père, etc.

FIN.

TABLE.